U0920329

双创有道

以众筹推动大众创业、万众创新的新商业实践

连环创业客×创业导师×福布斯专栏作家 **高鹏** 著

45个优秀众筹案例精彩呈现

国家战略**“大众创业，万众创新”**成功落地

助力双创，赢在众筹

北　京

图书在版编目（CIP）数据

双创有道：以众筹推动大众创业、万众创新的新商业实践/高鹏著．
北京：中国经济出版社，2017.9
ISBN 978－7－5136－4821－9

Ⅰ.①双… Ⅱ.①高… Ⅲ.①创业—研究—中国 Ⅳ.①F249.214

中国版本图书馆 CIP 数据核字（2017）第 202447 号

策划编辑 崔姜薇
责任编辑 郭书芳 张 博
责任印制 马小宾
封面设计 任燕飞装帧设计工作室

出版发行 中国经济出版社
印 刷 者 北京科信印刷有限公司
经 销 者 各地新华书店
开　　本 710mm×1000mm　1/16
印　　张 14.25
字　　数 200 千字
版　　次 2017 年 9 月第 1 版
印　　次 2017 年 9 月第 1 次
定　　价 58.00 元
广告经营许可证 京西工商广字第 8179 号

中国经济出版社 **网址** www.economyph.com **社址** 北京市西城区百万庄北街 3 号 **邮编** 100037
本版图书如存在印装质量问题，请与本社发行中心联系调换（联系电话：010－68330607）

献给 J. G.

献给我的奶奶

感谢她的养育、她的智慧、她的慈爱

感谢她在天国里对我的微笑

献给我的父母

如果您是以下类型的读者，本书会让您有满意的收获——

1. 初次创业者
2. 转型企业
3. 孵化器
4. 培训公司
5. 众创空间
6. 众筹业务公司
7. 同学会、同乡会
8. 行业协会
9. 基金投资公司
10. 电商企业
11. 金融服务公司
12. 社群经营者
13. 希望生活有改变的人

……

在这本书中，您可以得到以下问题的答案——

一、关于战略

1. 我到底如何做，才有可能比以前更快速地增长？
2. 我如何对我的公司重新定位？
3. 我需要开拓一个新的领域吗？

二、关于融资

1. 我要做怎样的改造，才可能进行首轮对外融资？
2. 我要满足什么条件，才能让公司在首轮融资的估值超过3000万元？
3. 对外融资的最佳时点是什么？
4. 我该如何写商业计划书，才可以提高融资的成功率？
5. 我该如何和风险投资基金打交道？
6. 投资协议中的主要条款，我该重点抓哪些？
7. 对赌条款，我一定要同意吗？

三、关于产品

1. 如何挖掘亮点，打造一款全新产品？
2. 什么情况下，我需要开发新的产品与服务？
3. 如何在互联网时代，开发新的产品和服务？
4. “互联网+”时代，产品设计的新原则与新技巧是什么？
5. 我如何也做出一款“爆品”，彻底火一把？
6. 有没有风险最小的试错方法？

四、关于模式

1. 目前的经营模式好像太传统、太老土了，如何转型为时尚的、吸引人的、有意思的？

2. 我的商业模式如何才能“互联网+”？

3. 如何优化现有的商业模式并打造最核心的环节？

五、关于客户

1. 如何用社群的方式，来发现早期种子用户？

2. 除了以前的CRM（客户关系管理系统）之外，我们如何更好地经营已有的客户关系？

六、关于路径

1. 我如何渡过最难受的“冷启动”阶段，实现从0到1呢？

2. 商业模式设计并不难，但哪条路才是最适合我的路呢？

3. 有没有风险最小的创业道路呢？

七、关于团队

1. 我现有的团队成员有哪些不足？

2. 我特别需要增加哪些人手？

3. 有没有效率更高的团队搭建办法？

八、关于销售

1. 现有的销售方式之外，哪些新的销售方式值得尝试？

2. 如何对现有的销售模式做“互联网+”的改造？

在这本书中，您可以深入了解以下成功众筹案例背后的故事——

聚美优品

1898 咖啡馆

电影《大圣归来》

纪录片《看见台湾》

凯叔讲故事

小米手机

猫王收音机

三星钢铁侠版 S6edge 手机

TCL 网络定制空调

小牛电动车

Citycoco 电动滑板车

小 K 智能插座

奥可宝智能泡奶机

吴晓波千岛湖杨梅树

江小白青春白酒

时尚餐饮爆怒大鱿鱼

天天生食

马来西亚紫藤茶

长立养生鞋

绽放旅行女装

一起上中欧创业营

千人走戈壁徒步挑战赛

喜马拉雅天梯

宛若故里民宿

亚朵酒店

松赞民宿

e 袋洗

GW 租衣网

……

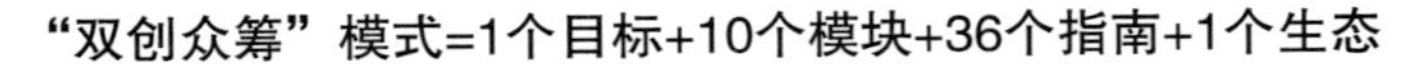

“双创众筹”模式=1个目标+10个模块+36个指南+1个生态

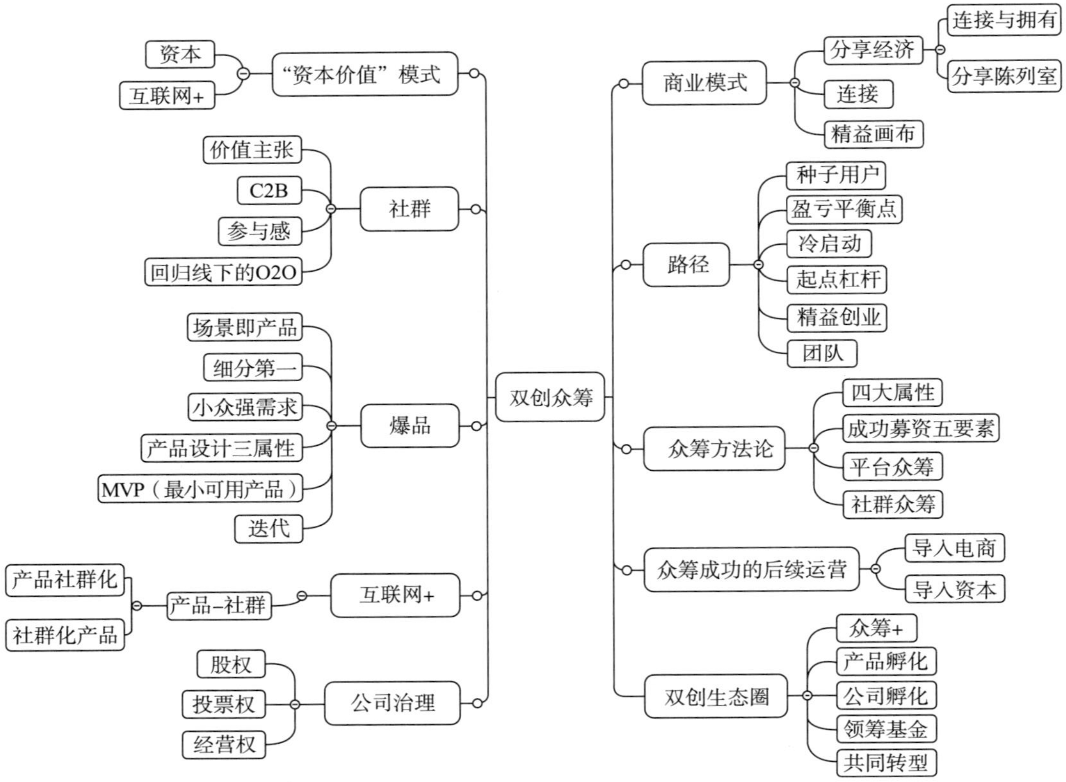

- 双创众筹
  - “资本价值”模式
    - 资本
    - 互联网+
  - 社群
    - 价值主张
    - C2B
    - 参与感
    - 回归线下的O2O
  - 爆品
    - 场景即产品
    - 细分第一
    - 小众强需求
    - 产品设计三属性
    - MVP（最小可用产品）
    - 迭代
  - 互联网+
    - 产品–社群
      - 产品社群化
      - 社群化产品
  - 公司治理
    - 股权
    - 投票权
    - 经营权
  - 商业模式
    - 分享经济
      - 连接与拥有
      - 分享陈列室
    - 连接
    - 精益画布
  - 路径
    - 种子用户
    - 盈亏平衡点
    - 冷启动
    - 起点杠杆
    - 精益创业
    - 团队
  - 众筹方法论
    - 四大属性
    - 成功募资五要素
    - 平台众筹
    - 社群众筹
  - 众筹成功的后续运营
    - 导入电商
    - 导入资本
  - 双创生态圈
    - 众筹+
    - 产品孵化
    - 公司孵化
    - 领筹基金
    - 共同转型

“双创众筹”模式思维导图

目录

第六章 产品设计：非爆不做

在移动互联时代，产品是王道，爆品思维必须成为每一个企业的信仰！

第七章 商业模式设计

脱胎于精品酒店的亚朵，经过店中店、微商城、社群经济等商业模式的次次迭代，收入来源的层层叠加，最后经营的是社群，而酒店则演变为只是入口而已。不战而屈人之兵，这就是商业模式设计的威力！

第八章 路径选择

设计盈利的商业模式固然不易，但是，更难的是实施商业模式的路径选择，这需要基于你的商业敏感度和洞察力、你的全部能力和资源，一招不慎，全盘皆输！

第九章 众筹方法论

以爆品为先导，以社群为主体，以终为始，众筹完全颠覆了以往的商业思维与运营体系，是双创时代最高效的成功方法和最安全的落地神器。

第十章 众筹成功的后续运营

众筹的实施，前置了企业转型中必需的“资本”和“互联网＋”两大元素；完整导入“场景电商”和“社群电商”，还有资本市场的参与，就是众筹成功之后最重要的后续工作了。

第十一章 众筹在双创中的下一个行动

双创行动已使中国成为全球最佳创业之国，而“众筹＋”必将成为更加通用和实用的商业思维，继续向各行各业渗透。

序一

高鹏、众筹、双创与风险投资

青普旅游联合创始人、万通集团联合创始人　王功权

我和高鹏先生相识已经20年了。

1996年，我在万通实业集团做总裁，董事长冯仑思绪飞扬，不知怎么就爱上了投行业务，广募群贤，聘请了几员大将，如王巍、王世渝等著名专家，高鹏先生也是其一。

高鹏先生个子高高，风度潇洒，专业上很有历练。他引荐了日内瓦公司创始人库恩博士为万通的合作伙伴，日内瓦公司以年收入300万美元到3亿美元的中等规模的企业为服务对象，是当时美国最大的兼并和收购顾问公司。在库恩博士洛杉矶的家里，我第一次体验了精美的红色跑车。

王巍、王世渝二位先生先后离开万通独自创业后，高鹏先生继起他们，开始全面负责冯仑领导的投行业务。他理论素养和实操能力兼备，视野开阔，待人诚恳，工作勤勉而刻苦。虽然作为房地产集团的投行业务部门，业务战略和具体工作都困难重重，但高鹏先生一直以他的专业精神和职业素养努力工作着，给我留下极为深刻的印象。

后来，我辞去万通实业集团总裁职务赴美学习，主动挂空自己，转行从事风险投资业务；再后来，我卖掉股份退出万通，全职参与IDG

风险投资基金，做合伙人，我和万通集团关系越来越远，大家也都各自很忙，和高鹏先生的联络也常有中断。

几年以后，一次偶然机会又见到了他，那时他已经离开万通集团自立门户，成为很有名气的投融资服务专家了。他依然风度潇洒，幽默乐观，谈到业界趋势头头是道。他的成熟和成长，我都不觉得稀奇，他勤奋聪颖，理所当然应该有所建树和作为。

前不久，高鹏先生告诉我他写了一本书，书名是《双创有道》，他请我帮他写个序。一般来讲，我是不应承给别人的书写序的，一是自己文字水平一般，自称半个文人，有时觉得自己连半个文人都算不上，惭于提笔给朋友作序；二是自知不是什么了不起的人物，厚着脸皮作序也不见得有人愿意读。高鹏先生之托，的确让我有些犹豫。可高鹏先生电话里说："功权，请你给我写序，是因为我们之间多年的同事情和朋友情，很多岁月的沉积，是别人无法替代的。"一句话，20 年前的相识、风云商场里的相处和友情，全流露出来。往事并不如烟，原来大家内心深处的过往记忆，是那样珍贵！

好吧，高鹏先生，经验丰富的专业内容，你在书中都一定有写。写上以上文字，只为你多年的专业进取和我们的诚挚友情。

惭为序。

序二

鱼 说

马来西亚紫藤茶文化集团董事长　林福南

我因众筹而知高鹏，高鹏因众筹而知紫藤。

高鹏谈众筹，良师风范，条分缕析，明白启迪欲有所作为者。

在马来西亚，由于缺少政府的扶持，传统的民间众筹一直是一种独特的社会自力救济方式。这块艰难多舛的多元民族土地上，一间间庙宇、一所所汉语学校，都仰赖本家民众，群策群力，有钱出钱，有力出力；国土处处，皆是可以赞叹的众筹事迹。

文化与艺术，自也如此存活。

高鹏的书中说，紫藤是“早慧”的众筹文化事业，这让我有些不解，但又不好自谦。

其理或许在于均股概念的张扬与实践？

紫藤，于1987年创业，由首批17人的每人马币1000元集资开始文化创业之旅，以茶为媒，由茶空间发展到茶艺连锁店，再到以茶入菜的茶菜馆，成了马来西亚小有名气的多元茶文化事业体。30年后，紫藤股东已达350人，仍然均股如初（书内有述，略之。）

至于各国各地的众筹，浪尖风口，各自冲浪，各自精彩。我跟高鹏将之喻于鱼，筹箸间闲说众筹，地点在莫干山里的民宿，他亲手烹了一尾红烧鱼，好吃。

我说中国大陆地区与台湾地区，马来西亚与新加坡，它们的经济优势，各有特点，唯有格局，勉强一说：大陆地区的经济是海洋，台湾是湖泊，大马是池塘。海洋生物物种繁多，生态丰富，可鱼，可非鱼。巨者如鲸，猛者如鲨，迅者如旗鱼，沉稳如龟鳖，讨喜如小丑鱼，横行海床如虾蟹，美丽剧毒如水母。也有大气如鲑鳟，此身常为生鱼片，也有小气如沙丁，纵身量入成罐头。

台湾地区的经济像湖泊，源起山泉，可大可小，可广可深，或在高山或在平原，鱼可悠游如鲤，静伏伺袭如鲶，掠食如鱼虎（鳢），轻食如竹脚花眉（鳙），活泼如草鱼（鲩），善攻如鲌；湖泊也滋养俗称清道夫的琵琶鼠鱼、擅长侵略地盘的外来印度玻璃鱼、凶猛的马拉丽体鱼。但不管是鳗是鲮是团头，都在湖内，不在海中。

海洋与湖泊，一咸一淡，各适各志。

至于大马，天生天养，经常犯浑，混水摸鱼，泥鳅号称“滑哥”，“非洲”竟称“金凤”。

水面上，贴栖蜉蝣与水黾，朝生暮死，自得其乐。

幸许山林溪涧，半亩方塘，还有河鱼栖息。巴甸、笋壳、丁加兰、吉罗、苏丹、忘不了，伴有田鸡应和，草虾为侣，或野或驯，质佳有价，能撑几分场面。

至于彼岸的新加坡经济，狮城岛民自谦：如果大哥是池塘，小弟只好是鱼缸。

不过此缸养的是观赏鱼，缸中神仙鱼玲珑，金龙鱼亮晃，水族成馆；另有豪宅园池，养的都是名种锦鲤，身价不一样。

我想起童年，两地同瓶同樽，瓶樽中都还只是一尾打架鱼。

长老说：格局决定结局。

鱼，亦各有其志，入海入湖入池入缸入瓶入樽，不同的鱼入不同的水不同的器。

关键是：你是什么鱼？你会是什么鱼？你应该是什么鱼？

或者，你其实并不是鱼？

师父说：可能是木鱼，拿来我敲敲。

众筹何所渔？渔者当自知。

且读一回《双创有道》，可以知所不疑。

序三

众筹，互联网时代的双创天使

上海第一财经传媒有限公司首席执行官　周健工

记得那是2012年冬天，我应邀在张江园区举办的一个论坛上，就一个有关创新的话题发表演讲。论坛结束后，在步行前往地铁站的路上，我与拖着行李箱的高鹏相遇，他说他也参加了那个论坛，并与我交流自己对产业创新的一些想法，我觉得有些视角独到，就邀请他为福布斯中文网撰写专栏。

当时，高鹏的业务关注点在日本，他认为日本有大量的制造业中小企业，它们技术先进、产品精良、人才丰富，可惜日本经济停滞，国内市场狭小，其中许多企业濒临破产。而中国制造业正面临转型升级，如果把日本制造业的技术、人才、管理与中国企业的转型升级结合起来，与中国的市场结合起来，将会产生双赢的效果。最好的操作方式就是建立一个并购基金，与中国的地方政府、上市公司联手收购日本的中小企业。

后来，高鹏把这个想法付诸实践，有投资和投行经验的他往返中日之间调查研究、促成交易，同时，把他的观察思考写成系列文章，与读者分享。其中一篇题为《神一样的日本小企业》的文章在福布斯中文网刊出后，获得好评和喜爱，并被搜狐、网易等国内主要媒体广泛转载。

我离开福布斯中文网之后，高鹏劳己心智，苦己体肤，将业务拓展到众筹领域，始终紧扣“企业转型升级”主题。

在“大众创业、万众创新”的互联网时代，大数据、云计算、智能化的硬件平台成为基础设施，降低了创业的门槛，推动了创新的民主化，即创新有可能从高度专业化和机构化转向容纳更多个人化创新，以及人与人之间通过互联网连接协同创新，而众筹就是互联网时代的众人天使、公开化天使。当然，众筹只是手段，目的是为了创业小团队开发出令人（尽管往往可能是一小撮人）尖叫的产品。

高鹏将丰富而深厚的从业经验汇集于众筹这个兼有金融、媒体和移动互联网社群等三重属性的业务创新领域；众筹的玩法、将产品按爆品思维设计的办法、众筹提升双创成功率的方法等，在高鹏的《双创有道》中都有很好的阐述，相当于一本实战手册。

期待高鹏和《双创有道》能帮助更多创业者。

前言

一、历史上的众筹

1778 年，斯卡拉大剧院用出售 174 个包厢的方式，筹集 100 万里拉，建成世界上第一流的歌剧院，营造出米兰、意大利乃至全欧洲最潮的社交高地，彰显各界名流的品位和财富。

这就是众筹！

1884 年，由法国完成的自由女神像即将运抵纽约，但是放置塑像底座的资金还没有着落，美国著名新闻家普利策（Joseph Pulitzer）得知这一消息后，决定发动大众来募集资金，他在新近购入的《纽约世界报》上宣布，他将把所有捐款人的名字全部印在报纸上，哪怕只捐一分钱。

这个大众集资项目运行了大约 6 个月的时间，最终募集 12.5 万人的捐款。捐款人包括从小孩到老人，从商界大佬到普通百姓，甚至一些生活在社会底层的贫民，也为这个计划献出了自己微薄的力量。每个人都希望自己的名字可以印在报纸上，全美国的人都希望知道捐款的进展，《纽约世界报》也因此成为西半球发行量最大的报纸，最终募集的款项为 100091 美元，换算为当下市值大约是 220 万美元。

这也是众筹！

1971 年，慈济证严法师婉言谢绝了日本友人 1 亿元新台币的捐赠，宁可殚心竭虑，发动中国台湾地区的民众来集资捐款，最后由 20 多万民众，募集了 1 亿元新台币善款，其中有富商巨贾，也有家庭主妇，甚至有乞丐，还有老人卖了棺木的钱来捐款。最终建成了中国台湾地区第一个不用交住院保证金的医院。

这还是众筹！

众筹并不是横空出世的神奇发明，而是一种运营思维和实践，它其实由来已久！

二、众筹的发展和成绩

尽管众筹思维和做法由来已久，但真正作为一种系统化的商业思潮和实践，并大行于天下，其实也就是2009年之后的事了。

有人对众筹起心动念，最早是在2002年，但是，经过了漫长的等待之后，直到2009年4月，Kickstarter才终于正式上线，成为世界上第一个正式以“群众募资”为主题的专业网站，领一代风气之先！2010年，《时代周刊》将这个网站评为“2010年度最佳发明”之一。

紧跟着Kickstarter出现的是美国的Indiegogo、澳洲的Pozible，还有马来西亚的Mystartr，中国台湾地区的FlyingV，中国大陆的京东众筹、淘宝众筹和苏宁众筹，以及被称为众筹2.0的开始众筹。领域之内、平台之外，还有被称之为华人世界的第一众筹顾问公司——贝壳放大。

以平台、项目发起方、项目支持方和投资者、顾问公司等各类主体的丰富的生态圈逐渐形成，覆盖众筹行业的方方面面，蔚为壮观！

据众筹行业第三方研究机构盈灿咨询发布的最新数据，2016年上半年，中国众筹行业投资达5442.65万人次，总募资金额79.41亿元。截至2016年6月30日，中国众筹行业历史累计成功筹资金额超过了218亿元。

这已经是不小的成就了！

三、众筹的含义

到底什么是众筹呢？

一个定义：大众筹资或群众筹资，是一种主要通过互联网方式（也包括线下社群），向公众募集项目资金的模式。

两个叫法：从项目发起方角度，叫作“社交性融资”；从项目支持方角度，叫作“消费性投资”。

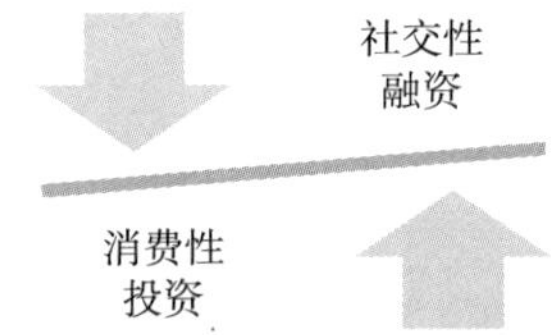

四个属性：内生需求、参与感、社交性、去中心化。

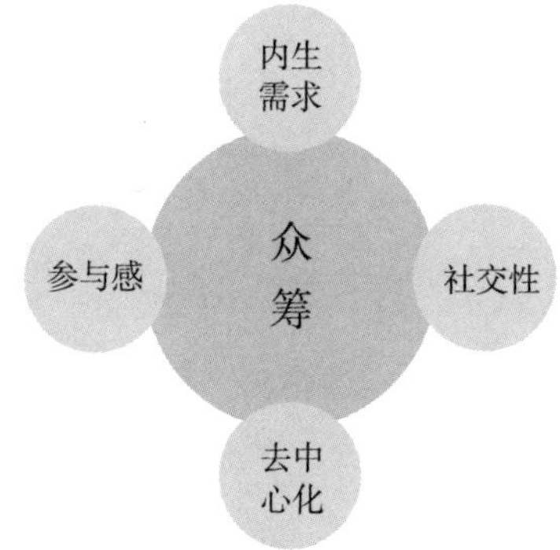

五个实施要素：完善的市场调研、打破常规的产品和服务、拥有特定的“粉丝”、精心设计的内容与宣传推广方式、令人振奋的投资者回报。

四、众筹的核心要素

第一，企业的资本价值。

让公司从创立之始，就成为风险投资愿意高度关注的项目，一定要成为公司起步时设立的一个“小目标”。

第二，社群。

虽然“物以类聚、人以群分”通常被视作一个成语，但在众筹领域，它们是两件事，很不同的两件事。

随着互联网的发展，在对传统行业进行渗透和改变的核心领域，前20年的“物以类聚”——着眼点在产品，发挥的是互联网高效的信息聚合和发布功效，如淘宝、京东、携程等，已演变到现在乃至后20年的“人以群分”——着眼点在人群、客户这一端，发挥的是互联网高效的信息甄别和维护功效，如微信、小米、罗辑思维、开始众筹等。

社群经济，是众筹的核心动力，也是起点。

社群与众筹，互为因果。

第三，爆品。

粉丝和社群已经成为新一代的商业原动力，其鲜明的价值主张和“小众化”的人群区隔，已经彻底瓦解了以前“规模化”的大众制造和流通，在社交圈里面的分享，成为最重要的传播方式。**这倒逼出了“单品突破，极致体验”的“爆品”。**

第四，商业模式。

商业模式的设计，可以给企业带来意想不到的神奇蜕变；同时，分享与连接，也已经成为目前商业模式设计中最需要优先考虑的原则与要素。

第五，创业路径。

如果说商业模式体现了创始人的想象力和格局，创业路径则体现了创始人的资源和能力，两者之间，并没有必然的关联和平衡。而且，在项目早期，往往呈现“头重脚轻”的情况，必须高度匹配，方能“修得正果”，而不至于被“始乱终弃”。

例如，如果美国租衣网 Gwynnie Bee 最早的种子用户不是“胖女生”，继而导入“衣服合体指数”，优化每一个用户的使用体验的话，那么，它的发展一定不如现在这样的顺利，没准又是一个“壮志未酬身先死”的例子。

尽管创业九死一生，从一开始滴答作响的就是死亡之钟在倒计时，但我们为什么不可以既有最大胆的商业模式设计，同时又有最稳妥的创业路径，而不至于“一将功成万骨枯”呢？

第六，众筹方法论。

四个属性、五个要素、平台众筹和社群众筹构成完整的方法论，唯有理解准确，实施得当，方得善果。

第七，众筹成功之后的后续运营。

众筹成功，继续导入电商和资本元素，使项目和企业从众筹成功迈向成功众筹。

第八，从孵化项目到孵化公司的众筹神器。

在为早期项目吸引传统的风险投资之前，“众筹”这个环节的率先进行，可以先行起到初创企业开发早期种子用户、验证产品和市场需求、验证商业模式的综合效果，可以在相当程度上去除早期项目的巨大不确定性。在中国，已经出现了在一两个月时间内，众筹金额过亿元的无人机项目 PowerEgg，众筹金额超过 8000 万元的小牛电动车。即使是风险投资精选的早期投资项目，能实现这样的销售收入也都是非常少见的。

对于企业投融资，在传统的“种子轮”、“天使轮”之前，是可以也应该添加“众筹轮”。事实上，先完成一轮成功的众筹后，创业项目再获得风险投资的概率也会大大增加，运用得当的话，众筹可以发挥奇妙的先导作用。

五、双创与众筹

今天，中国的经济增长从依靠老“三驾马车”（出口、投资、消费）逐渐转向新“三驾马车”（新型投资、新型消费和“一带一路”）。

2014 年以来，政府倡导，民间响应，中国已经进入基于创新模式和创新消费的 80 后、90 后创业浪潮，即推动消费模式升级和创新的第五次创业浪潮，可谓人类历史上最大的一次创业热潮。

在本书中，我们重提众筹，是因为在目前这个大众创业、万众创新的时代，我们需要众筹发挥“侦察兵”式的探路作用。

于是，2009 年开始源于美国并蔓延全世界的众筹，和 2014 年开始勃兴于中国大地的双创，在此汇流了。

六、两个中国众筹人的案例

下面，我分别举我身边两位朋友的故事，作为“药引子”，引出“双创”和“众筹”的结合，在已经席卷中华大地的双创行动中的神奇效果。

他们两位都敏锐地意识到了“众筹”在自己的创业历程中的妙用，他们的故事可以作为初次创业和二次转型的鲜活例子，来与读者们分享。

第一位是崔伟伟。

崔伟伟，80后，江苏人，2003年从师范大学毕业后去了杭州，因为他的表姐就职于中国互联网第一股“中国化工网”，受表姐影响，他直接进了初创不久的阿里巴巴，后离职。

从阿里巴巴离职之后，他曾供职于旅游网站，以及从事电商咨询和代运营的公司，后来自己创业，成立专门坚果网站，也曾创造过年销售过亿元的佳绩，但是利润率仅2%左右。

苦闷之余，四处寻找对标企业的崔伟伟，发现美国有个和自己一样做坚果生意的网站开展了一项众筹业务，消费者每人交1000美元年费，网站每月帮消费者选择并配送“你每月应该吃的坚果”。这件事给了他非常直接的冲击，于是他创立了趣味零食品牌“趣逗妮”，直接众筹了200万元，企业估值也从最初的500万元，直接上升到5000万元，初战告捷。

第二步，崔伟伟计划用300天打造一家众筹的新三板上市公司。这一次，他的切入点是“互联网+农业”项目。以“300天上市计划”的商业模式与股权众筹的形式，崔伟伟整合了一家有8年历史且年均销售额近5000万元的农业科技公司，创立了“91味道网”。

为了汇聚力量，他们发起众筹，按公司估值1亿元，出让“91味道网”（黑龙江久要味道农业科技有限公司）5%的股权，融资500万元，——“1万元，解决你一家三口人一年的粮食，1份起购，最多购买50份，另外公司还送产品代理权，还有未来公司上市分红”，这次社交型的众筹融资，再次获得了朋友们的追捧，二战告捷。

在崔伟伟看来，自己的“91味道网”，用公式表示就是“农业+互联网+资本+众筹=91味道”。

第二位是冯济利。

冯济利董事长，70后，一米八的大个儿，他强悍、粗犷、豪爽，但又不失精明和细腻。前面的特质，使济利做了近十年刀刀见血的外科医生后下海经商，所做的莫拉克城市电动车在巅峰时期占到杭州市场接近40%的份额；后面的特质，使他成为“中国教导型企业家联合会”

执行主席，也是众望所归。

2015 年 8 月，我和冯济利第一次见面，是在老龙井精品民宿“乡阁”的露天天台上，由我们共同的朋友浙江餐饮协会副会长、“乡阁”的主人华伟祥引荐。把酒临风，我向他讲了“众筹”的思路、流程和做法，尤其详细地分析了 2015 年的中国众筹冠军“小牛电动车”的众筹全过程和关键要素：第一，李一男领衔的团队背景；第二，这辆车在功能性、体验性和社交性三个产品属性上的着重点；第三，李一男对于投资这个项目的盘算和对于整个电动车行业的企图心，等等。

同时，针对济利现有业务的转型，我具体仔细地帮他将“人车交互智能化”作为他原有产品开发的方向，分析了可以把“带助力的山地自行车”作为未来的一个方向。我还帮他找了一个刚刚在美国 Kickstarter 众筹平台上成功完成众筹的全球第一款带动力的山地自行车，作为深入研究的对标产品。

我为他引荐了如日中天的洛可可浙江公司的老总，一起讨论如何巧用“创新设计”，设计出更具有设计感的新产品，这款新产品最大的改变是将最新人车交互智能化先进科技与非常传统的城市电动车结合在一起：

- 手机 App 可以直接启动车，告别车钥匙。
- 专属车主认证，手机 App 蓝牙绑定你的爱车，一车一 ID，盗贼偷不走。
- 5.7 英寸多功能彩屏仪表，车速、温度、剩余里程等情况随时监控。
- GPS 智能定位。
- 好电池 + 好电机，最远续航 100 公里。

新产品在 2016 年 1 月 22 日上线京东众筹，只用了 8 个小时，就完成了 100 万元的筹资目标。

坦白讲，单就莫拉克的功能以及筹资金额而言，它远没有超越众筹 7100 万元的 2015 年年度冠军李一男的小牛电动车。但是，这次众筹对于莫拉克，尤其对于冯济利本人而言，是一次质的飞跃。冯济利开始有了爆品思维、社群思维、B2C 及 C2B 思维、商业模式思维，最重要的

莫拉克新潮流智能电动车的京东众筹页面

是，他朴素而深刻地意识到，众筹作为一种产品开发的全新的制度安排和运营思维的绝妙之处，他有了“互联网+”的意识，同时，也有了更强的“众筹+”思维。

冯济利是个视野开阔、想象力和行动力超强、喜欢及时行乐的人，和我一样，高度崇尚“学以致用”。

2016年3月，莫拉克新潮流智能电动车众筹结束并陆续完成交付后，冯济利很快迎来了可以在其他领域活学活用“众筹+”思维的机会——2016年中国教导型企业家联合会的第3届全国年会在杭州举行。

联合会的往年年会都是大成本大制作，费用大多来自教导企业家们慷慨解囊和赞助支持。但是，这样做的结果是，本来应该属于大家的年会基本上办成了赞助企业的独角戏，不仅会员的参与感、互动性不够，全国会员与联合会之外的客户、朋友的沟通更是缺乏。

刚当选的联合会执行主席冯济利在中国教导型企业家联合会主席的鼎力支持下，在他的好朋友浙江餐饮协会副会长华伟祥和人本轴承董事长陈思钱等人的协助下，创新性地将“众筹思维”运用到了年会会前、会中和会后过程的核心环节中。

第一，用“人民币当选票”的方式（与“最彻底地拥抱互联网的传统企业家”宗毅的“人民币当选票”来推动企业进行“裂变式创业”何其相似!），通过评选“教导十大红人”和“教导十大品牌”活动来实现全国联动，发动投票竞选。一个品牌每人每天只能投10票，每投1票需要1元的支持，一举募资200多万元，直接解决了年会资金的问题，这是最出彩的一着棋。

本来投票拉票的初衷只是为了众筹资金支持这次年会，没想到在整个拉票竞选的过程中，把自己身边的客户、员工、朋友、同学甚至不经常联系的人也发动起来了，让更多人对自己的品牌产生了新的黏稠度，形成新的紧密关系。

第二，大会就像春晚一样进行了网络直播，会员无论身在天涯还是海角都可以观看年会；一个提前离开的嘉宾，在去机场的路上因为看精彩的直播，差点没有赶上飞机。在节目分享环节中，他们又设置了打赏分享，使粉丝与嘉宾真情互动、气氛升温。

第三，通过互联网思维和互联网运营，活动结束后对年会做了详细的数据分析，通过投票活动，“教导一家亲”的官方微信增粉10万人，互动人次达到100万人，观看线上视频直播的人数达到15000人。

2016年5月17日—19日，中国教导型企业家联合会的会员代表和线上的上万名观众，集体见证了这一具有里程碑意义的“醉美时光”。

如果没有众筹，我想，无论是哪个组织的年会也很难实现这样高度的人气和如此广泛的传播效应。

这是我第一次看到用互联网思维举办协会年会的创新尝试。

作为企业家，冯济利当然不会止步一次京东众筹。目前，他第二波准备用众筹来打造“带助力的山地自行车”，从而真正完成二次创业，成功转型。

他将公司已有的城市电动车业务交给其他合伙人负责，自己带了一个由80后、90后组成的全新团队，以全新的思维来进行这个新项目。

2016年9月25日，我第一次骑上了创新的助力山地自行车，在1小时内骑行了23公里。我原本以为，这个车的助力模式是靠手来控制，在“助力模式”和“人工模式”之间来回切换的。后来发现，它还是很有点智能的味道，它的助力与人力骑行之间的切换，并不需要用手来完成，而是浑然一体地结合在一起，体验极佳，尤其是在短时间之内，需要提高速度的时候，如上坡、启动时，最为适合，这个痛点捕捉得很好、很准确，而且，非常明显的全部是靠我的脚力达到的，这完全消除了本来担心骑这辆车会偷懒，从而达不到骑行锻炼目的的问题。

这辆车的功能非常吻合我心中对“行者天下社群”户外骑行专门配置的自行车的要求。

我和冯济利开玩笑说：“你的莫拉克城市电动车，经营13年，每年的销售额过亿元，但是这样的传统企业，估值也就是1亿元到2亿元人民币；如果我们以经营细分用户社群为战略，以众筹为战术，用全新的顶层设计，来经营‘带助力的山地自行车’这样一个创新项目，我有信心在一两年的时间里，让这个新项目的估值超越莫拉克已有项目经营13年的估值水平。”

环顾四周，冯济利成为我身边朋友中借助众筹完成传统企业转型最彻底，但是试错成本最低的一位。

七、众筹助力双创落地

之所以称众筹为双创落地神器，是因为众筹可以将所有从事双创事业的朋友们，引入一个具有全新商业构思的实践乐园，而且最终的众筹结果，将证实这一段崭新的双创之旅中你们的成就与收获。

通过众筹，实现双创落地，发起众筹的你会有以下收获——

第一次知道什么是“互联网+”，知道是“+”什么。

第一次知道什么是爆品思维，明白什么是“非极致，不营销”。

第一次知道原来产品的基本功能属性之上，还可以再叠加体验性等社交属性。

第一次知道什么是社群，以及如何将以前的客户关系演变为社群。

第一次知道商业模式的改变，可以让公司有脱胎换骨的蜕变。

第一次知道创业路径的选择，对于商业模式的顺利实施乃至创业成功到底有多重要。

第一次知道大众广告和大众媒体的推广，对于90后、00后的消费者是完全无感、完全失效的。

第一次知道小众社群会成为今后商业的核心原动力，而且威力巨大。

第一次知道脱胎于传统行业的只做了1~2年的创新项目的市场估值，居然可以超过经营了20年的已有项目。

众筹是最综合的顶层设计，又是最接地气的实践方法，更是双创不二的落地神器！众筹最大的价值在于，它是双创企业试错成本最低的全面测试，是电商与资本要素的前置。而众筹成功后，企业如何得以持续发展，取得越来越高的市场价值，则有赖于商业模式的设计与实施路径，以及两者互动之后的持续迭代和优化。

八、双创众筹模式

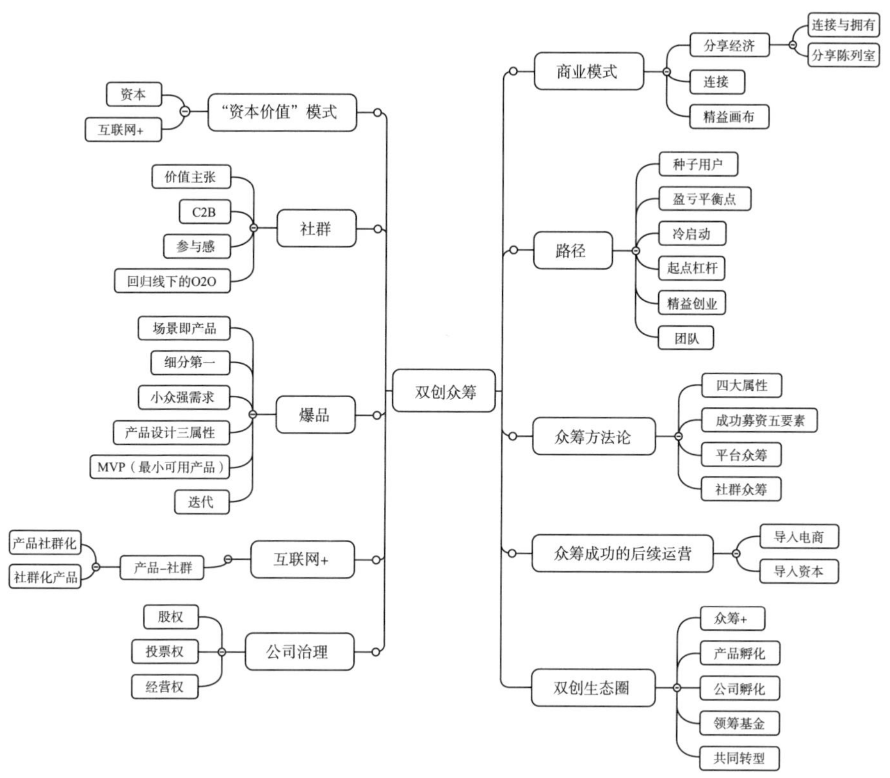

“双创众筹”模式思维导图

双创众筹模式是我率先提出的，它并不是横空出世的，而是基于双创行动没有行动路线图，鉴于创业失败率近93%的“九死一生”的商业规律，众筹可以作为双创行动中最高效和最安全的落地神器，而且从众多众筹成功的项目来看，这样的例子比比皆是。

我在写作这本书的过程中，经常得到许多朋友善意的提醒：众筹的热潮已经过去了，为什么还要牢牢抓住这个主题不放？

是啊，我也不由地常常这样反问自己：众筹已经过时了吗?

深度思考后，我给自己的答案是，众筹勃兴的背景，正好是从“规模经济”转向“范围经济”，从“大数定律”转向“小数法则”，从“大众市场”转成“小众社群”，众筹是与目前商业发展的内在逻辑和市场潮流高度吻合的，它仍然可以成为热点，可以造就潮流。

作为“以终为始”的运营逻辑，众筹是可以提升到起码与“互联网 +”并列的高度和适应面，以崭新的顶层设计推动企业的蜕变和绽放：

- 信仰般的爆品思维
- 逆袭的 C2B
- 社群化产品
- 连接一切的社交属性
- 重新回归线下的 O2O
- 自带流量的自媒体推广
- 易于与资本融合的天然属性
- 客户、消费商、股东三位一体的运营体系

众筹不仅仅是一个工具、一个平台，如同“互联网 +”一样，它也是可以上升到一种思维的。

我们大胆地将这一切命名为“众筹 +”，也是不辱使命、毫不为过的。

众筹是可以贯通从单个的产品发明和创新，到双创孵化体系，也是可以对各行各业持续渗透、持续深化的，使命必达。

方向对了，人对了，我们就静待美好结果的自然发生吧!

社群经济时代，是双创、众筹、众包的时代，一切都没有确定的答案，有的只是可能性！有的只是机会！有的只是前景!

晨曦初露，喷薄欲出，一切才刚刚开始!

九、众筹的下一个风口

以京东众筹和开始众筹为代表的众筹平台独领风骚、蔚为大观，众筹在中国则走过了波澜壮阔的上半场，然而，众筹的下半场是怎样的呢？众筹的下一个风口又在哪里呢?

答案是：社群众筹!

我们知道，众筹也被称为“社交性融资”。尽管从最早的Kickstarter“回馈式众筹”开始，到最新的Patreon“订阅式众筹”，每一波众筹业务，均强调社群建设和运行在众筹全过程中的重要性，但最大限度地将这个策略和技巧付诸实施，并取得奇效的，也只有社群众筹的项目了。

众筹平台的缘起，流量是基础，众筹成功与否，流量大小为最根本的基础，而流量的获取，则无外乎来自于京东、淘宝和苏宁的电商平台和开始众筹等众筹平台。

平台众筹，首先拼的是流量和公信力，它以募资金额的实现为主要目标，专注于产品和项目的自身品质，主要是由“产品驱动”，拼的是“美感度”。而社群众筹，拼的是个人信用背书和社交圈，真正实现了金钱、人脉和资源的募集和完美结合，而且，众筹过程中，社群众筹将流量、推广和交易一次性同步完成，效率堪称最高，它专注于个人的人脉社交和信用，专注于事件本身和事件给人带来的感受，尤其是“极致体验”，主要由“社群驱动”，拼的是“温度”。

社群已经逐渐成为新一代商业的源头，而社群的形成和运维，与社群群主的个人魅力、社群属性、管理制度等密切相关，其中，很难再出现以往京东和开始众筹等众筹平台“赢者通吃”的寡头局面，而呈现百花齐放的态势，大家相安无事，大家各安其命！

第一部分

世界众筹地图解读

第一章　起源于欧美

完备的信用体系、鼓励创新的社会氛围、与生俱来的企业家精神，使得欧美成为众筹的策源地，再一次引领了世界众筹产业的潮流和趋势。

第一节　开山鼻祖 Kickstarter 与华人创始人陈佩里

一、Kickstarter 的前世今生

2009 年 4 月，Kickstarter 网站在美国纽约成立，网站本身的定位非常明确——创意项目的募资平台（Funding platform for creative projects），Kickstarter 提供了对接“有创意、有想法，但缺乏资金”与“有资金，也愿意出资支持好创意”的平台。Kickstarter 的第一个项目，是众筹出版 *New York Makes a Book* 这本书。

Kickstarter 网站的创始人陈佩里是华人后裔，在世界众筹领域当中，华人可谓中坚力量——

世界上第一个“订阅式众筹”平台 Patreon 的联合创始人 Sam Yam 是华人；

澳洲的众筹平台 Pozible 的创始人陈刚是华人，他离开中国前往澳洲留学，最终在当地创业成功；

马来西亚“众筹第一人”吴文彬是华人；

中国台湾地区的林弘全和林大涵，自然更不用说了。

创立 Kickstarter 之前，陈佩里是一名期货交易员，因为酷爱艺术，他还开办了一家画廊，并时常参与主办音乐会。2002 年，他因为资金问题被迫取消了一场筹划中的在新奥尔良爵士音乐节上举办的音乐会，这让他非常失落，但这却使他开始酝酿建立一个以在线的方式来募集资金的网站。

Kickstarter 网站的三位创始人

与 Indiegogo 的 Danae 和 Patreon 的康特等热爱艺术的众筹网站创始人相似，陈佩里的创意项目募资也经历受挫。这些亲身经历的受挫经验，成为他们创立众筹平台的最大动力，也使他们当仁不让成为担当产品原型和平台功能设计的第一产品经理。同时，在创业过程中，他们也深刻地体会到纯粹的慈善、资助和商业之间的巨大区别，这一点非常重要。Kickstarter 选择了资助与商务合作的中间地带，即项目扶持。

此外，商业众筹平台成功与否的重点，在于创始人如何将以前纯粹的个人爱好、兴趣和需求，与大众要求的普世性的价值与回报，巧妙地结合在一起。

所以，当陈佩里被电视台采访时，谈到 Kickstarter 的功能定位很容易被人误解时，他说到了自己对众筹本质的看法："这与博爱、慈善无关，这是资助和商业。"

陈佩里的这句话非常精确地说出了众筹最本质的特点——**众筹不是单向的施与，也绝不只是喜欢就给，更不是无所谓索取任何回报；众筹是双向的、交互式的，是彼此都具有自己需要的商业价值和可感知的利益回馈：**

第一，众筹不是博爱，不是慈善捐赠，所以，项目发起方必须首先为项目出资方设计好他们需要的回报，这样才有可能实现发起方的筹资需要，这是募资的前提。

第二，只要可以把项目设计得符合支持者的需求，即使这个需求需要众筹参与者深入挖掘或引导，即使这个项目看起来并不那么符合常理，也一样可以完成募资的目标。比如，美国自由女神像底座的募资、中欧创业营学费募资等。

Kickstarter 上已有 10 万个上线众筹项目，已成功实现 22 亿美元募资金额，已有 1000 万人支持上线众筹项目，众筹金额成功率近 90%，项目数量的成功率高达 40% 以上。

同时，Kickstarter 已创造 29600 个全职工作机会和 283000 个兼职工作机会。此外，它还促成了 8800 家公司的创立，为创业者及其社群创造了高达 53 亿美元的收入。

在该平台诞生的 8800 家公司中，有 82% 依然存在，屹立不倒！这是 Kickstarter 始终如一地坚持“高标准、严要求”项目选择标准的好结果，是 Kickstarter 上线以来里程碑式的发展成就，也使 Kickstarter 当之无愧地作为“世界第一众筹平台”。

二、Kickstarter 的成功秘籍

Kickstarter 至今已有 10 万件项目提案、22 亿美元总募资，平均每个专案的募资金额约 1.8 万美元，个人的贡献值则大约为 143 美金。这些项目提案大多是以“预购”的方式进行，个人只是支付“预付款”给企业去生产产品，生产完成后，个人则得到商品作为商业报酬。参与众筹的决策非常简单，风险在个人能承受的范围内，也不太需要后续的追踪与管理。

比如，加州的马金·卡拉汉希望创作一部关于半人半妖的新漫画，第一期的创作和宣传费用预计需要 1500 美元，因此，她给网站写了一封介绍信，希望有人能够提供小额捐款。

捐款者可以得到的回报是：

捐 5 美元可以得到一本作者签名的漫画书；

捐 100 美元可以得到一个绘有漫画故事主人公形象的包。

当然，只有收到的捐款总金额超过 1500 美元，她的许诺才会兑现。结果，她在很短的时间里就拥有了这笔捐款。

所以，Kickstarter 为众筹发起人带来的，本质上是募资的下放或提前，填补了传统创投模式没办法触及的低金额募资市场，让 1 万美元到 100 万美元等级的募资计划能够有更高的成交率。

因此，任何初创项目都可以在传统融资模式的“天使轮”之前，进行一次“众筹轮”融资，从而找到“天使当中的天使”或“天使之前的天使”！项目支持方支付“预付款”的原因，其实有很多种：

有些人因为你的故事很棒，手边也有些闲钱，所以愿意支持你的创意、协助你实现目标；

有些人因为你的产品很棒，希望支持你尽快完成众筹，自己也能实际买到这些产品，得以提前享用。

Kickstarter 提供的是一个可以分享创意、艺术成果，同时能够获得来自各方支持的充满活力的社群。在众筹结束后，Kickstarter 上的众筹项目页面及其媒体文件都不会被修改或删除，随时可供公众浏览。

在这样的运行中，Kickstarter 解决了创业者的几个难题：

第一，将实现营收的时间点大幅提前到创业者最需要资金支持的时候。硬件创业不同于软件，先期需要投入资金用于工具购买、开发和制造。Kickstarter 将销售变为预售，解决了众多有创造力项目的燃眉之急。

第二，Kickstarter 是对项目与产品进行免费推广的众筹网站，也是一个网上社群，一旦有用户投资某个项目，项目发起人就需要向用户汇报项目进展，回复用户提问，参与众筹者的身份不单是消费者、投资人，还是调研员、建议者和宣传员。

第三，Kickstarter 做了很多创业者想做却没钱去做的重要工作：市场调研。在 Kickstarter 上，如果某个项目在规定时间内未筹够设定的资金，就说明消费者对这个项目或产品大概不感兴趣，产品上市后也不会太受欢迎，提醒创业者马上进行调整，从而大幅降低了创业者的风险。

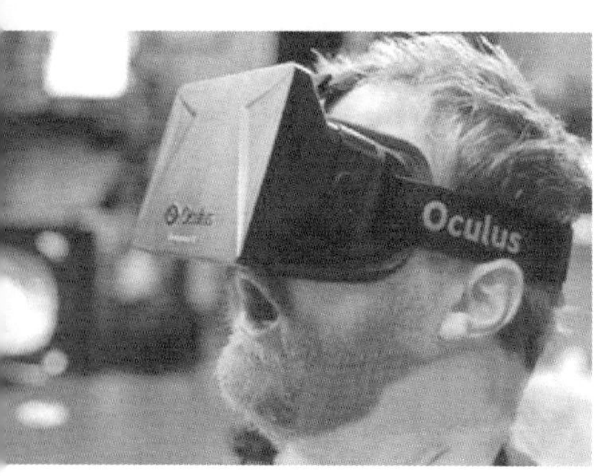

Oculus Rift VR头盔

毫不意外，最受欢迎的众筹项目，如 Pebble 智能手表、VeronicaMars 电影和 Ouya 游戏主机等，都在 Kickstarter 上进行过众筹。

- **Oculus Rift VR 头盔**于 2012 年 8 月 1 日登陆 Kickstarter 众筹平台，直到 2014 年 3 月 26 日被 Facebook 以 20 亿美元收购，进而惊爆眼球。然而，谁能想到 Oculus 创始人 Palmer Luckey 当年只是想众筹 100 台

头盔呢。

- **Coolest Cooler 冰箱**是一款用于聚会的多功能便携式冰箱，内置蓝牙扬声器、搅拌机和 USB 充电接口。此外，这款产品还有足够大的空间收纳盘子及其他野餐用品。该项目募集了 13285226 美元。

Coolest Cooler 多功能便携式冰箱

- **Pebble Time 手表**使 Pebble 公司创造并保持了 Kickstarter 平台的融资纪录。受 Apple Watch 热潮的带动，Pebble Time 手表获得了 20338986 美元的赞助，超过其目标融资金额的 40 倍。

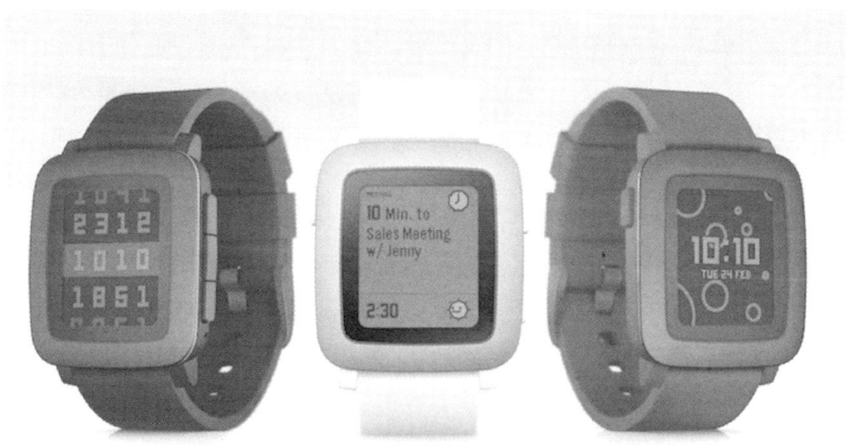

Pebble Time 手表

- **儿童教育类节目 Reading Rainbow** 在播出了 26 年之后停播，该节目主持人 LeVar Burton 想让这档节目通过移动应用在网络上实现复播。这一项目最终获得了 5408815 美元和 105855 位支持者，成为 Kickstarter 上支持者最多的项目。

儿童教育节目 Reading Rainbow

- **奇怪袜子定制公司 XOAB** 由 Rick 和 NeilLevine 两兄弟创办，他们的目标不是打造一款互联网袜子，而是为消费者提供一双完美的具有特色的袜子。2013 年，XOAB 在 Kickstarter 筹得 9.8 万美元，而且售出了很多双袜子，在产品数量上胜于其他在该平台上众筹的产品。最值得称赞的是袜子的图纹设计。因此，美国专利和商标办公室授予 XOAB 针织服饰设计方面的一项专利。

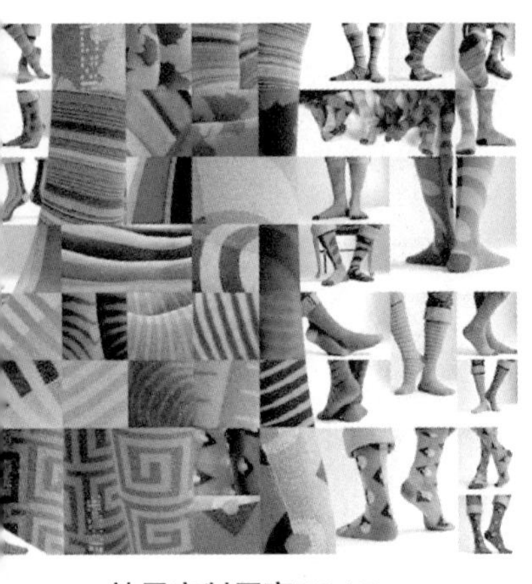

袜子定制厂商XOAB

2015 年 9 月 22 日，Kickstarter 宣布改组为公益公司，承诺每年要把利润的 5% 拿出来做慈善，同时做到税费正常缴纳，不会走法律漏洞避税。他们没有兴趣被大公司收购，也不会上市圈钱。

Kickstarter 运营众筹平台 6 年，帮助了无数的公益项目募资成功，惠泽很多普通人，它的转型是深具其意的，既在意料之外，又于情理之中。

美国鼓励发明创造，同时也有浓郁的资助他人创新的社会氛围，所以，众筹在美国真正发挥了“我为人人，人人为我”的互助、互帮的社团作用。同时，对于创业失败、发明延缓交付、甚至极端情况下不能交付等很难避免的问题，美国人有更为宽松的心态和更高的容忍度，所以，他们上线众筹平台来进行募款的项目，也就五花八门、各显神通了。

这与中国的众筹项目以预售为主、强调短期内必须交付的思维和实践，还是有很大差别的。

在工业化时代，需要为有想象力的艺术家和创作者留出一块自由空间，与其让他们背后多出 100 个七嘴八舌的股东，不如给他们 1000 个狂热的粉丝和用户。作为代价，永远为“0 到 1”服务的立场，也需要他们拒绝很多诱惑，保持小而美的身段。

第二节 众筹双杰 Indiegogo

一、众筹领域中的双寡头

如今，世界经济众多领域中，都呈现双寡头的竞争态势，比如，生产可乐饮料的可口可乐和百事可乐，生产手机的苹果和三星，制造飞机的波音和空客。在我们所专注的众筹领域，也是概莫能外。

在众筹网站领域，Kickstarter 与 Indiegogo 堪称众筹双杰。金融背景出身的 Danae Ringelmann 于 2007 年创立了众筹网站的先驱 Indiegogo，单论这个时间点，甚至早于 Kickstarter。

Indiegogo 网站主页面

创业之前，Danae 是个标准的金融女，她曾先后就职于摩根大通、投资银行 Cowen and Company，她关注众筹更多源自于她对戏剧和电影的热爱——作为一个资深爱好者，她曾利用业余时间筹备排演戏剧，却苦于缺乏资金支持没有实现。这成为她在创立全球第一个众筹平台 Indiegogo 的最大动因，而这一动因也几乎是全球所有众筹平台创始人一致的创业动力。

Indiegogo 网站的众筹项目主要有三类：

第一，创业和发明。比如，发明一款未来派的便携式医疗设备；

第二，创意和艺术。比如，制作一张蓝草口琴专辑；

第三，其他个人梦想及社会项目。比如，帮邻居修补被雷劈到的房子。

从项目数量上来看，以上三类各占 Indiegogo 众筹项目的 1/3，不存在创业类项目一枝独秀的现象。过去几年，智能硬件快速兴起，取代电影和戏剧成为 Indiegogo 的“主力军”。但是，即便如此，Indiegogo 对所有项目还是会一视同仁。

基于数据统计和分析，Indiegogo 认为，人们参与众筹项目有三种原因：

第一，希望得到物质回报。比如，就是喜欢发起众筹的这种智能手表，想买下它，也不介意“事先付钱”。

第二，出于对众筹发起人的欣赏，想帮助他实现愿望。比如，众筹发起人希望融钱去印度修行，人们看到他通过视频表达自己的想法，很欣赏他，把他当朋友，愿意帮他实现梦想。

第三，跟众筹发起人的价值观类似，觉得他做的事情有意义。

虽然 Indiegogo 与 Kickstarter 并称双杰，但它们有很多不同。

第一，服务对象：Indiegogo 不限定客户类型，无论是企业需要融资，还是个人生病医治需要融资都可以发起众筹；Kickstarter 的项目主要是一些创意的精品项目。

第二，筹资规则：对于 Indiegogo，无论筹资目标是否完成，项目发起方都可以收取捐资；Kickstarter 只会收取那些到指定日期已经完成目标的捐资。

第三，手续费：Indiegogo 收取 4% 或 9% 的浮动手续费，达成筹资目标收取 4%，否则收取 9%；Kickstarter 一刀切收取 5% 的手续费。

第四，国籍：Indiegogo 服务于 200 多个国家；Kickstarter 只对美国、加拿大和英国开放。

因此，有人把相对封闭、挑剔和只做精品的 Kickstarter 比作众筹领域的“苹果”，而 Indiegogo 则是来者不拒的“安卓”。至于谁能走得更远，还是个未知数。

所以，对于到中国来拓展业务，Indiegogo 表现得要积极得多。

下面，我们来分享一些经典案例吧！

2012 年，特斯拉博物馆项目融资 130 万美元；为受学生欺凌的校车监护人筹集善款的 KarenKlein 计划融资约 70 万美元。

2013 年 8 月，Canonical 的超级手机 UbuntuEdge 融资 1281 万美元，但筹资仍未能达到预定目标，即便如此，它也创下了一项吉尼斯世界纪录，成为当时的众筹项目中融资额最高的一个。

二、Indiegogo 的中国项目

2014 年 12 月，由中国的 Crazybaby 公司开发的磁悬浮 Hi-Fi 无线扬声器系统 Mars，首先在美国 Indiegogo 众筹平台完成第一轮众筹，募资 82 万美元，并成为 Indiegogo 上支持人数最多的项目，众筹金额仅次于亿航无人机项目。2015 年，在首次众筹成功的基础上，由创新工场的李开复完成了对此项目的天使轮投资；2015 年 12 月 22 日，在中国淘宝众筹平台上，完成了 167 万元人民币募资金额；2016 年 4 月 3 日，在中国京东众筹平台，完成 559 万元人民币的第二轮众筹，从而达成跨境众筹的突破性进展，并进入京东和淘宝电商销售通路。

UFO 造型的磁悬浮 Hi-Fi 无线扬声器系统 Mars

这个项目由中美双方的技术团队联合组建、一起开发、优势互补，先众筹，后 VC 天使轮注资，再跨境众筹，并顺利进入中美两国主流的电商渠道，环环相扣，在诸多方面均达成了开创性的进展，给我们的启发是多元化的。

2015 年 12 月，Indiegogo 的中国项目加速计划（China Pilot Program）在深圳首发，项目旨在发现更多优秀的中国早期智能硬件创业公司，并帮助它们进行海外市场推广。Indiegogo 选择了十余个中国项目，对项目流程的专业把控、专人服务对接、全面开放第三方资源、专业引流、提高转化率、设计重组、提高每单的贡献金额等进行全面协助，大力扶持其进入美国市场。

第三节　首创全球“订阅式众筹”的 Patreon

一、KK“1000 个粉丝”理论的最佳践行者

2013 年 5 月，艺术家杰克·康特与技术研发工程师 Sam Yam 在美国旧金山创立了众筹网站 Patreon，全球首创“订阅式众筹”的融资服务，这是一个要让艺术家重新回到达·芬奇时代的生存模式。

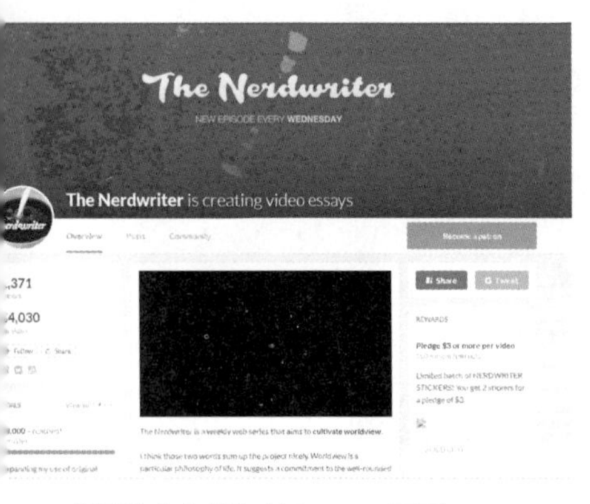

“订阅式众筹”的Patreon页面

在这里，用户可以为自己支持的艺术家持续地支付一定金额的赞助费，帮助他们完成艺术创作，Patreon 从中收取 5% 的费用。

与 Kickstarter 等众筹平台不同的是，Patreon 上的项目不是一次性发起的，其出发点是为艺术家提供持续的资金支持：艺术家只要有作品上传，就可以向人们“索要”赞助费用。因此，Patreon 的作用不只是众筹那么简单，它更大的价值体现在为艺术家搭建一个展示平台，这也正是身为艺术家的康特本

人创立 Patreon 的初衷。

康特希望通过互联网思维，重现米开朗琪罗与达·芬奇时代的艺术家生存模式。“事实上，所有优秀的艺术作品，例如米开朗琪罗的《大卫》、达·芬奇的《蒙娜丽莎》，都是在赞助的基础上完成创作的。也就是说，这些雕塑或肖像都有相应的原型人物，而这些被记录者则会给艺术家付费，以为他们作画或塑像等。”康特说。他的解决方案是，让艺术家回归到十八、十九世纪的状态——依靠外来赞助发展并获取收益。而实现这个想法的商业手段，正好就是当下的众筹。

与前辈 Kickstarter 和 Indiegogo 相比，Patreon 的创新主要体现在以下几点：

第一，Patreon 仔细考虑过人们在 Kickstarter 上融资时会担心的问题——资金安全和确保回报，因此它对资助金额不设限制，支持者最少可以只付 1 美元，支持者支付的资金越多，艺术家要给的回馈就越多；付款要求也比较宽松，按月结算，支持者可以反悔。

美国《连线》杂志创始主编凯文·凯利（Kevin Kelly，人们经常亲昵地称他为 KK），在其著作《技术元素》中这样写道：“小众艺术家难以从市场获益，反而加剧了竞争和无休止的降价压力。艺术家逃离市场的一个办法，是找到 1000 名铁杆粉丝，无论艺术家创造出什么作品，这 1000 名铁杆粉丝都愿意付费购买，艺术家由此解决基本的经济问题。”

“订阅式众筹”是凯文·凯利关于“1000 名粉丝”理论的真正落地实践。

第二，专注于为艺术家提供融资服务。打开 Patreon 的页面，看到的不是类似于其他众筹平台推荐的各种项目，而是每个艺术家及其作品的展示。每位艺术家会上传一段自我介绍的视频，描述个人信息与作品情况，然后介绍资金的用途，以及支持者能获得怎样的回报。

目前，超过 2 万名内容创作者，在 Patreon 的平台上发起了订阅式众筹专案，每个月固定筹集资金超过 200 万美元。在这些内容创作者中，有知名视频及新媒体经营者、音乐人、网络名人、小说作者，他们在 Patreon 上直接与支持者、粉丝沟通并获得支持。

在 Patreon 上，艺术家可以自由设置其他的金额档位，如 3 美元、10 美元等，最低只需要 1 美元。因此，不同于 Kickstarter 上动辄几十万美元的融资活动，Patreon 的众筹方式正是招募小额赞助人。

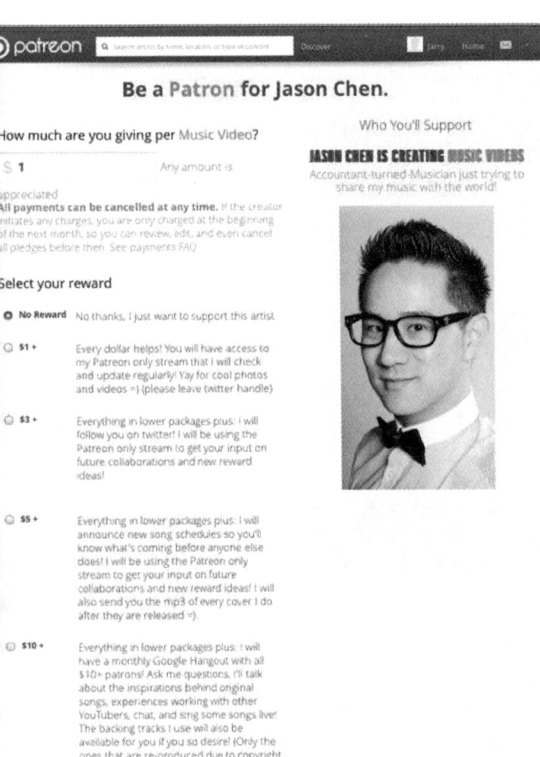

Patreon手机版界面

虽然 Patreon 上的每一笔赞助金额与 Kickstarter 等众筹网站上的项目相距甚远，但也不可忽视这些艺术家粉丝的力量。

截至 2014 年底，Patreon 已汇聚超过 12.5 万位小额赞助人，他们每月为艺术家们提供的支持款项可达 200 多万美元。其中，筹资金额较高的订阅计划发起人有 Kinda Funny（每月 44868 美元）、Amanda Palmer（每月 34120 美元）、The Breeding Season Team（每月 31221 美元）。

Patreon 的模式可以说是对“粉丝经济”的成功实践。以一位网络漫画家为例，通过 Patreon 的项目融资，他已获得 10 万美元。

而康特本人也通过 Patreon 完成了网站本身的募资。2013 年 8 月，Patreon 获得了 210 万美元融资。2014 年 6 月，公司获得 1500 万美元的 A 轮融资。2015 年 3 月，Patreon 与另一家艺术类众筹网站 Subbable 合并，并计划采用亚马逊支付平台，力图为更多艺术家提供资金支持。2016 年 1 月，Patreon 获得一轮 3000 万美元的融资，此轮融资由 Thrive Capital 领投，Allen and Company、Charles River Ventures 和 Index Ventures 等跟投。至此，Patreon 的融资总额已达 4710 万美元。

二、“订阅式众筹”给中国的启发

对于中国的众筹者而言，Patreon 首创的“订阅式众筹”，有很多启发和借鉴。

在中国台湾地区，我的朋友翁梓扬创立了 HereO 众筹平台，运营 2 年多，已经是音乐类项目众筹的翘楚；他借鉴了 Patreon 的模式，在亚洲首创订阅式众筹的 PressPlay。

2016年1月，在圆山饭店聊天时，梓扬和我第一次提及“订阅式众筹”。他坦言，也许是因为台湾地区募资市场偏小，同时人们个性又偏保守的原因，“订阅式众筹”每月支付小额资助费的做法也许更容易被接受。而中国大陆现金充沛，经济发展迅猛豪迈，即使是一次性付款的众筹，都可以得到大家的普遍欢迎。所以，“订阅式众筹”在中国大陆的前景，我和他都不太肯定。

但是，从台湾地区出发，走进中国大陆众筹市场，最起码会更容易一些，总不会是一个错误的决定！

这一点，我是非常肯定的！

第四节　澳大利亚最大众筹平台 Pozible

一、华人首创的 Pozible

Pozible于2010年创建于澳洲悉尼，已经帮助发起人筹划了8000多个众筹项目，支持者来自104个国家和地区，总金额超过1.2亿元人民币。2014年之前，居世界众筹第三名，随着京东和淘宝的发力，它的名次恐怕要掉到第五的位置了。

Pozible由中国人陈钢及其爱尔兰朋友合作创立，是一个国际性的众筹平台。

除了位于墨尔本的总部，Pozible在悉尼、旧金山、吉隆坡、新加坡、上海、深圳等城市设有分部。Pozible对于众筹项目的准备、上线、宣传和跟进都有独特的渠道和服务，这是Pozible的项目成功率高达57%，远远超过其他国际主流众筹平台的原因所在。

Rick Chen，中文名陈钢，2001年毕业于铁中，地道的蚌埠小伙儿。本科在西北工业大学学习机械设计与制造专业，2007年到悉尼学习数字媒体设计，之后便留在了澳大利亚，硕士毕业一两年后，2010年，他成功创立Pozible。这个只有31岁的在海外创业的中国人，取得了旁人无法企及的创业奇迹。

“有个朋友想要自酿啤酒，还缺点儿钱，我能不能弄个众筹平台帮他们搞定？”在澳洲留学的27岁青年陈钢，怀着这个简单的想法，创立了众

众筹平台Pozible创始人陈钢

筹平台 Pozible。

二、Pozible 的中国情结

Pozible 的商业模式与 Kickstarter、京东众筹等基本一致，不过，创始人陈钢表示，对中国用户，Pozible 会有优待。比如，为来自中国的项目提供排名优待，每筹得 1 元人民币，相当于筹得 10 美元的关注度提升，也就是说，在 Pozible 上筹得 1 万元人民币的位置排名，与 10 万美元是一样的。同时在收费上也给予优待，10 万美元以下的项目收取 5% 的佣金，10 万 ~50 万美元项目收取 4% 佣金，超过 50 万美元项目收取 3% 佣金。

虽然，在一般人看来，中国市场还很不成熟，陈钢却执意在国内设立分部。说到个中缘由，陈钢坦承，除了考虑到公司发展前景，个人因素同样至关重要。“我是中国人，当我看到很多老外对于中国制造还保持着廉价产品的印象，我希望通过 Pozible 在中国的项目，让他们看到中国也有很多有创意的智能硬件产品。”

之所以看好国内智能硬件项目，一方面是陈钢的个人情怀，他本人就是硬件极客；另一方面是他很看好国内智能硬件市场的创新力，希望将这些项目通过 Pozible 带入国际市场。

中国区第一个上线的项目是智能手环 Gyenno One，这个项目上线 30 天，有来自 102 个国家和地区的用户访问了众筹页面，并有 27 个国家的用户直接参与众筹，最终筹得了 104 万元人民币。

这个项目上线的时机非常好，与国内各种手环“烂大街”的情况不同，国外只有 Jawbone、Nike Fuelband 等少数几个品牌的手环，并且售价都十分昂贵。Gyenno One399 元人民币的售价可以说让人眼前一亮，并且，这款产品确实做得很漂亮，优秀团队加上 Pozible 的世界性平台，取得这样的成绩自然是“水到渠成”。

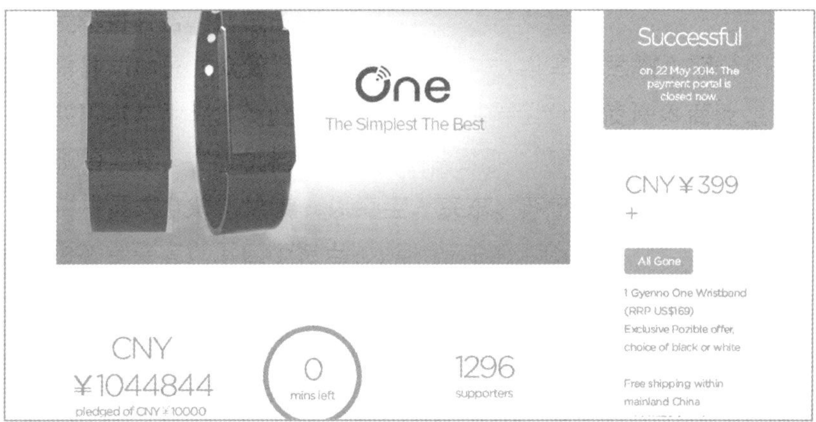

智能手环项目 Gyenno One 众筹页面

相比美国的 Kickstarter 和 Indiegogo，陈钢对中国国情的了解（通过众筹来提升中国庞大产业的创新能力），与中国人沟通的通畅，是老外不能比的；相比中国台湾地区的 FlyingV，Pozible 的国际化渠道又是明显领先于台湾地区的。所以，对陈钢而言，中国是他今后发展的福地；身为中国新一代移民的创业者陈刚，无论是基于感情，还是商业的考虑，中国都应该是 Pozible 版图上最有色彩的一块。

第二章　发力于中国台湾地区和东南亚

众筹为中国台湾地区庞大而完备的消费电子产业智能化、品牌化的升级提供了试错成本最低的方法；马来西亚则成为第一个对股权众筹完成立法的亚洲国家。

第一节　品种多元的中国台湾地区众筹市场

一、FlyingV 的发展历程与经典案例

（一）发展历程

关于亚太地区的众筹市场，大约在 2011 年底，我国大陆地区的“点名时间”和日本的 Campfire 开始发展众筹业务，我国台湾地区则是从 2012 年初开始，有数家不同的平台几乎同时上线，包括 FlyingV、ZecZec、Jack-modo（后来转型为 limitstyle）、We-Projects 等。

中国台湾地区是全球 IT 行业的重镇，具有庞大而完备的消费电子产业，以最小的试错成本，来进行 IT 行业品牌化和智能化升级的众筹实践中，最有代表性的莫过于 FlyingV，它基于台湾地区本地的产业基础、融资环境，借鉴融合美国一线众筹平台经验，非常有借鉴意义。

2012 年 4 月 23 日，FlyingV 上线，第一年募集金额就超过了中国大陆的“点名时间”和日本的 Campfire，位居全亚洲第一；

2014 年 2 月 18 日，总募资金额突破 1 亿元新台币；

2016 年 1 月 1 日，总募资金额突破 3 亿元新台币。

（二）经典案例

1. 第一个超过 10 万次访问量的专案：为什么台湾背包客不来台湾？（2013 年 2 月 18 日）

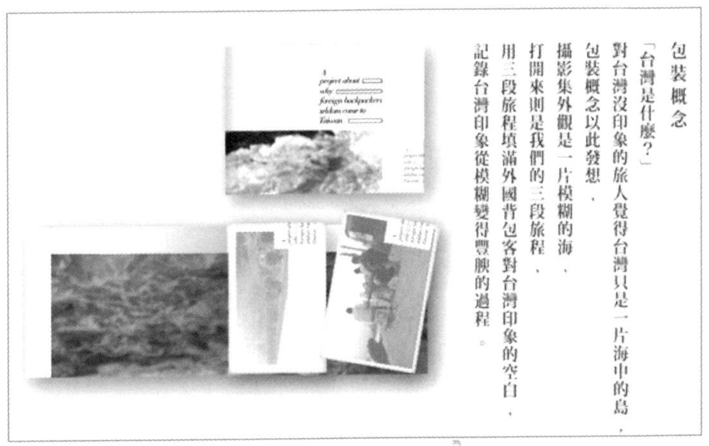

“为什么台湾背包客不来台湾”众筹页面

2. “进击的太白粉”（2013 年 8 月 8 日）

由“阿甘精神发展协会”发起的“进击的太白粉”，是原创于中国台湾地区的5 公里创意跑步活动，倡导热爱健康生活和热爱台湾的理念，完全是公益活动，除了活动所需要的支出之外，所有余款捐献给台湾地区的公益组织和慈善机构。

“进击的太白粉”起跑瞬间的新闻图片

众筹上线仅仅4天，就飙破了643万元新台币，有6762人参与，最终共吸引了3万余人参加。

《看见台湾》首映海报

3.《看见台湾》顶天立地的户外首映式（2013年10月30日）

《看见台湾》耗资总计9000万元新台币，可谓中国台湾地区拍摄成本最高的纪录片。导演齐柏林花费近3年时间拍摄，累积400小时直升机飞行时数。全片以航拍鸟瞰视角，将台湾地区以一种人们从未见过的角度与姿态呈现在大银幕上。

最后上线众筹完成首映式募资250万元新台币，参与人数1235人，举办了一场3000人一起看的户外首映典礼。这部电影造成了非常大的轰动，在上映不到一个月时，就获得了金马奖。

两年后，2015年9月16日，萧寒的纪录片《喜马拉雅天梯》开始上线众筹，同样完成了首映式经费的募集，完成了在全国8大城市的首映。

这是与《看见台湾》非常类似的做法，海峡两岸，异曲同工！

导演齐柏林

《看见台湾》户外首映典礼

4. “金萱字体”系统发明（2015 年 10 月 6 日）

“金萱字体”以“培育新鲜文字风景”为口号，唤醒大众对“MIT 中文字型”过于匮乏的危机意识，最终募资 2600 万元新台币。

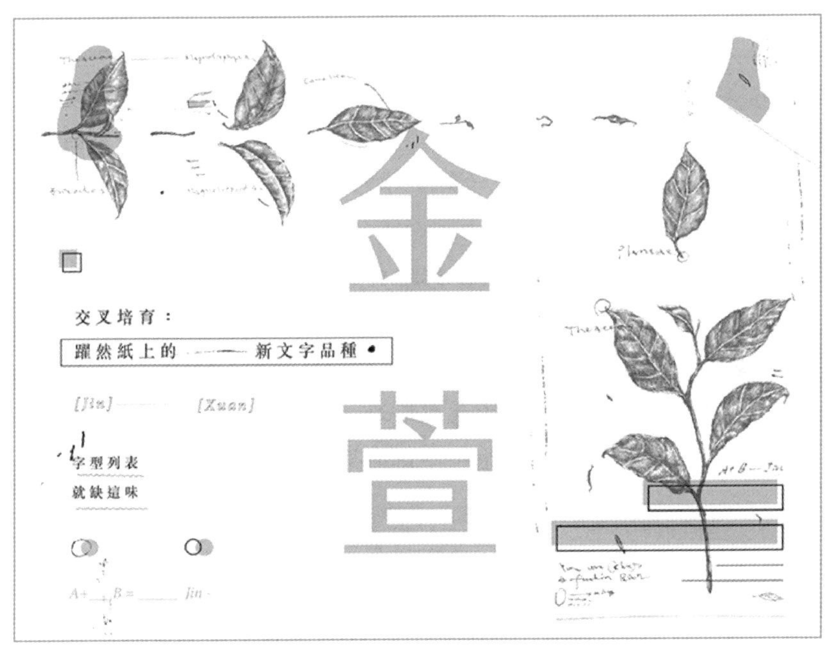

金萱字体宣传海报

这应该是募资金额最大的一个项目。

2016 年 1 月，我见到了 FlyingV 的创始人林小光，他本名叫林弘全，大家都叫他小光，不知是源于他的邮箱名 Light，还是因为他顶了一个大光头。

小光是连环创业客，2003 年便和大学同学简志宇共同创立“无名小站”，3 年之内成为我国台湾地区第二大网站，后于 2007 年 5 月，并入 Yahoo 奇摩。在 Facebook 崛起前，“无名小站”持续稳居台湾地区社群网站龙头，最高全球排名 16 名，所以，小光可以说是我国台湾地区最早了解和掌握社群经营秘籍的人。

2011 年 3 月，小光正式离开了 Yahoo 奇摩，年轻的他还希望干点什么。在此期间，他去美国游历，第一次看到了众筹平台 Kickstarter，看到了众筹业务迅猛的发展，这种融合了创业辅导、投融资、社群、电商等诸多创新元素的崭新的业务形态，瞬间点燃了他继续创业的热情。

2012 年 4 月，小光创办了 FlyingV，希望这个平台可以真正帮助年轻人创业。

FlyingV创始人林弘全

我和小光的见面，是在他刚建成推出的类似于中国大陆的孵化器一样的地方，取名“湿地”，这是他以 FlyingV 为源点，拓展风险投资、管理顾问公司等其他业态，开始打造台湾地区创业生态圈的全新尝试。

小光认为，众筹其实源于传统的“标会”，透过互助来创造一对一直接的合作机会。这种“去中间化”的过程，正是最重要的互联网思维。因此，我国大陆地区目前庞大的产业转型升级，中产阶级持续兴起，要求各个领域的消费升级，众筹是可以发挥奇效的。这一点，与 2015 年大陆崛起的开始众筹创始人徐建军对于“消费升级”这一市场趋势和投资热点的把握是一致的。

二、华人世界第一众筹顾问公司贝壳放大

2012 年的“割阑尾”、“集资纽时广告 4am. tw”、《看见台湾》、“进击的太白粉”等，这些在中国台湾地区众筹界赫赫有名的行销事件，它们的背后都有一个共同的名字：林大涵。

林大涵是一个被退学 2 次，只有大学肄业证书的 29 岁男生。2014 年 10 月，他创立了众筹顾问公司“贝壳放大”，创始团队由中国台湾地区最大众筹平台 FlyingV 的离职成员组成。成立至今，陆续打造了诸多经典集资项目，包括募集超过 160 万元美金的“Flux3DP”、超过 5000 万元新台币的“口袋相簿 Piconizer”，以及“空气鼠标ODiN”“鲜奶坊”“Orbit1”等经典项目，以及电影《太阳的孩子》、自制火箭团队 ARRC、在国际市场一举取得 6000 万元新台币支持的 3D 打印机 FLUX。

2015 年，贝壳放大在成立的第一年，辅导了 52 个新创团队，数量

虽只占2015年中国台湾地区众筹案的1/10，但集资成功率高达90%，募集金额占总额的60%，达到3.3亿元新台币。这些闪耀的数字，足以使贝壳放大坐上华人世界第一众筹顾问公司的宝座。而作为创始人的林大涵，自然有底气荣登《福布斯》杂志发布的亚洲版“30位30岁以下的创业家”榜单。

我问大涵，你们的绝大部分团队成员是从FlyingV出来的，创业再做另一个众筹平台，是最自然和最有优势的，但你为什么改做顾问公司？

贝壳放大创始人林大涵

大涵说，第一，顾问公司和所有的众筹平台，都可以是合作关系，而非竞争关系；第二，做顾问公司，如果和项目发起人达成深入合作的话，除了正常的项目辅导之外，还可以负责客户的客群维护甚至物流。也就是说，承担项目发起人众筹的业务外包，顾问费收入最多可以达到总募资金额的22.5%，营利性远远好过普通众筹平台的5%~8%。这点与我对于大陆众筹业务的发展方向的思考是一样的。

三、华人世界第一家订阅式众筹网站PressPlay

翁梓扬是中国台湾地区早期众筹的先驱之一，他热爱众筹和众包事业，深信群众的智慧最终可以改变世界。按他的自我描述，在创业之前，也是个浑浑噩噩的标准上班族，直到接触到互联网金融行业。

2013年，翁梓扬与林鼎钧共同创办了HereO众筹平台，专注于音乐艺文和设计文创两大项目区块，平台运营2年多，已经是音乐众筹项目的翘楚，曾协助上百组音乐艺文提案者，筹得资金执行计划。除此之外，团队还通过众筹举办多场实体演唱会，创立中国台湾地区首见的众筹O2O模式。

为了从根本上解决内容创作者的融资需求，2016年3月，HereO转型为PressPlay众筹平台，更延伸出亚洲首见的“订阅式众筹”模式，协助新媒体内容创作者，进行长期且持续的筹资和品牌营销，弥补现有的回馈式众筹平台模式的不足。

华人世界第一家订阅式众筹网站 PressPlay 页面

不同于以往“一次性的”产品回馈式众筹，订阅式众筹的优势如下：

第一，可以更早地吸引粉丝介入，从而更早获得他们对于未来作品的意见和建议；

第二，金额更小，门槛更低，从而更容易吸引粉丝出资；

第三，粉丝对于项目的参与时间更早，同时也更长久，更容易形成有价值的社群。

2016 年 10 月，翁梓扬在北京的分公司开业，这应该是中国台湾地区众筹平台第一个正式以分公司形态来大陆发展的。

综上，中国台湾地区的众筹案例具有非常明显的特征：

第一，源于对于家乡的热爱而自发产生的宣传家乡的专案，具有“社会事件”和“公益活动”属性，以募资的方式发挥众筹有助于广泛宣传的目的，这是中国大陆地区的众筹目前最缺乏的品类。

第二，以前的 IT 项目进化为有特定功能、特定效用的智能硬件项目，这是中国台湾地区具有的巨大先天优势。

第三，中国台湾地区众筹业者对于欧美一线众筹趋势的了解和吸收，早于大陆地区，案例构思和呈现的专业性也十分值得大陆学习和借鉴。但是，中国台湾地区本地市场比较小，所以，两岸密切交流与合作，不仅应该，而且必须！

第四，跨境电商是两岸合作的新管道和新方式，已结合两地的创意和产业基础的项目，在两地分别进行众筹，是一条可以很好结合两地资源，同时容易落地实施的路径。

第二节 股权众筹与产品众筹并兴的马来西亚

我进入众筹领域后，走进东南亚国家做巡回授课、讲演，进行辅导和项目投资，十分留意当地在众筹领域的发展。

2015 年 8 月，作为实践家教育集团 DBS 创始人学院的“众筹与资本”这门课的主讲老师和项目孵化辅导导师，我再次进入马来西亚。

那时，马来西亚政府颁发了六张股权众筹经营许可，从而成为亚洲第一个正式对股权众筹立法的国家。“众筹”是那时的热词，也是财经界热点事件。而那六家取得了股权经营许可的企业，在媒体上曝光很多，自然也有了相当的名声。

根据我对于“产品类”和“股权类”这两种最主要众筹形式的了解，我自然更关心“产品类”众筹在马来西亚的发展情况。很奇怪的是，我问问周边也算是这个领域中的专业人士，居然没有一个说得清楚，就好像在马来西亚就根本没有人来干这个事，这自然引起我很大的好奇心了。

由于常年做投资的刨根问底的习惯和职业病，我就委托了吉隆坡的朋友持续深挖。这样，马来西亚第一个众筹平台 Mystartr 开始渐渐浮出水面，它占 51% 股份的创始股东是一家叫“紫藤”的企业，是马来西亚最大的茶文化企业。

一、“早慧”的紫藤股权众筹

（一）林福南与紫藤

向来，大马人把饮用中国茶视为中华民族传统的饮食习惯，鲜少触及所谓的茶文化，抑或通过茗茶修身养性。

我的马来西亚学生和朋友王恺中，曾多次带我去当地最地道、最火的老字号“亚火”肉骨茶吃早餐，我才发现，原来他们去吃肉骨茶时，也是自带茶叶的，是非常讲究的。

自从“茶艺馆”被引进到马来西亚后，一股饮用中国茶风气才掀起，不论男女老少、职业贵贱、知识高低，人们对品茶乐此不疲，大马人对茶文化有了深一层的认识。

在吉隆坡的几个华人聚集区域乃至大型的商业中心走过，总能看到“紫藤”的招牌，它是一家连锁茶艺专门店，也是马来西亚最早的茶艺馆，在 1987 年元旦开张，由 17 个留学中国台湾地区、美国、加拿大及当地的社会青年联合均股创办。它的初衷是在马来西亚建立文艺空间，没想到却成了茶艺传播的载体。

林福南是紫藤的发起人和负责人，1980 年到中国台湾地区留学，本科读的专业是土木工程。当时我国台湾地区已经有了东坡居、紫藤庐等茶艺馆，文艺气氛很浓，学生社团的会议和聚会经常在那里举行，尽管当时他与茶初邂逅，知茶未深，但是那种氛围已经成为他学府生活的一部分。

回到吉隆坡，文艺生活变得荒凉起来，老朋友们找地方聚聚，都是街头拉茶、炒面档，当时吉隆坡只有肯德基，连麦当劳都没有，更没有在台湾地区读书时的那种文艺氛围。

除了文化生活的贫乏，林福南这一代留台生在事业上也不顺利。20 世纪 80 年代中期，马来西亚经济低迷，政府始终不承认留学中国台湾地区的文凭，林福南只能找到每个月 800 块钱的工作，而那些留英回来的同龄人因为学历资格受官方承认，薪水要两三千块钱。

林福南心想，我不如把中国台湾地区的经验移植回来，在马来西亚也开茶艺馆！1986 年下半年，林福南开始找朋友合作，首批成功找了 17 个人，每人出马币 1000 块钱，相当于一个多月的薪水。小钱办大事，林福南给了自己一份工作，始料未及的是，这成为马来西亚茶艺文化的开端，也是马来西亚股权众筹的开始！当然，那时这一行为还未被称作“众筹”，也没有众筹平台，更没有政府的牌照许可。

然而，将林福南的理念发扬光大的，不是在马来西亚，而是在千里之外的中国，26 年之后的 2013 年，北京大学的杨勇创立了他的“成名作”——1898 咖啡馆。

众筹，作为一种商业思维和实践，其实由来已久。2009 年开始勃兴的众筹业务，只是因为有了互联网，尤其是移动互联网，而发生了两个本质的变化：

第一，在茫茫人海中觅知音变成可能；

第二，社群的建设和维护变得高效。

紫藤从形式到内容，都参照中国台湾地区的茶艺馆。在东坡居、紫藤庐喝茶是席地而坐的，在紫藤也是如此。

紫藤也给青年朋友们提供文艺空间，非常理想主义，非常浪漫，他们办古筝班、书法班、吉他班、歌曲创作坊，后来形成了一个个小团体。

紫藤茶艺馆这种时髦的经营形式，经过媒体报道，轰动了马来西亚。从开张第三个月开始，茶馆天天爆满，全马来西亚的年轻人都来吉隆坡取经，到了 1990 年，全马来西亚大约就有了 100 家茶艺馆。

如今，喜欢喝茶的四五十岁的马来西亚人，几乎全是受到那个年代茶艺馆的熏陶。

（二）林福南的三大创举

如同紫藤在大马开创了茶文化一样，其创始人林福南的三大创举特别值得我们深入剖析。

第一，紫藤企业独特的公司股权构成、治理结构和运营体系；

第二，紫藤用经费众筹的方式，完成了中国台湾地区“云门舞集”到马来西亚的巡演；

第三，创立了马来西亚第一众筹平台 Mystartr。

作者与紫藤创始人林福南合影

随着业务的不断拓展，紫藤由零售发展到餐饮，又到电商，股份应需要不断地扩大，新增的股东还是个个均等，一直发展到目前的 350 名。

最有趣和难能可贵的是，即使贵为创始人和经营者，林福南和大家一样，还是只占一股。公司董事会由 9 人组成，三十年如一日，群策群力。“共建、共营、共享”之“三共主义”深入骨髓，构成最明显的公司气质、治理结构和运营体系。

在这样的公司气质和商业逻辑下，林福南又完成了第二和第三个创举。

1973 年春天，林怀民创立了中国台湾地区第一个职业舞团“云门舞集”。“云门”之名来自于《吕氏春秋》中的一句话：“黄帝时，大容作云门，大卷……”，云门是黄帝时代舞蹈的代名词。目前，“云门舞集”已经成为华人舞蹈艺术领域的一面大旗。

自成立以来，云门在海内外舞台上呈现了 200 多出舞作。古典文学、民间故事、中国台湾地区历史、社会现象的衍生发挥，乃至前卫观念的尝试，云门舞蹈内容丰富、制作精良，多出舞作因受欢迎，一再上演，成为中国台湾地区两三代人乃至华人世界的共同记忆。

1994 年，带着赫曼·赫塞根据佛传故事改写的小说《流浪者之歌》，林怀民流浪到印度菩提迦耶，同样获得大彻大悟。从印度返回后，创作了经典舞作《流浪者之歌》，呈现了由此岸向彼岸求道的旅程。舞作集祭祀、膜拜、修为、朝圣等宗教仪式于一体，是华人世界获得西方舞蹈界高度认可的首要作品。

2012 年，马来西亚华人希望将这部作品，引入马来西亚公演，粗略估算，大约需要 100 万马币的演出经费。这可是一笔不小的数字！

按以往的做法，这笔钱由主办单位遍寻大型企业来赞助，而且，最好是独家赞助。但是，林福南决定另辟蹊径，说服联办团体，用当初他设立紫藤的“众人集资”模式，以“一人一万”，集结108名文化推手共同邀请“云门”来演出的方式，募集这笔为数不小的经费。

林福南拿出手机，马上开始打电话。最先接电话的两个朋友，都轻松答应成为万元文化推手。第三个朋友说：“我1万不行，5000元是否可以？”“当然也可以！”就这样，一个接一个，由个人到企业，都义无反顾地解囊相助。最后，“文化推手”的概念通过媒体及各界宣传，林福南一共募集了近百万马币，再加上一些物质赞助和票房收入，总收入130万马币，顺利完成筹资目标。2012年2月10日，《流浪者之歌》在槟城顺利上演，这不仅是在大马首演，也是东南亚的首演。

华人是马来西亚的第二大族群，而来自中国台湾地区的“云门舞集”是华人世界的一面大旗，但是，自成立以来近40年，居然从未进入马来西亚，这是马来西亚华人心目中极大的遗憾。这构成了马来西亚的“文化推手”们愿意每人出资1万马币，将“云门”引入马来西亚的最终动因。虽然，每位推手们所得的物质回报仅是几张荣誉观赏券，但他们精神上的收获却无以伦比：“我们终于在大马看到了云门舞集的演出！”

2002年，世界第一个众筹平台Kickstarter的创始人陈佩里因为资金问题，被迫取消了一场筹划中的在新奥尔良爵士音乐节上举办的音乐会，这让他非常失落，进而就开始酝酿建立一个募集资金的网站。2009年4月，Kickstarter上线，2010年，《时代周刊》将该网站评为“2010年度最佳发明”之一。

马来西亚第一众筹平台Mystartr创始人吴文彬

与陈佩里类似，林福南在2012年用众筹的方式成功地将“云门舞集”引入了马来西亚之后，他想到，在他的周围类似这样的资金问题和募资需求比比皆是，于是他与公司同事吴文彬商讨将这样的想法与做法，结合网络，搭建平台，推而广之。2013年，紫藤创立了Mystartr，马来西亚从此有了第一个众筹平台，吴文彬也成为“马来西亚众筹第一人”。

二、马来西亚第一众筹平台 Mystartr

因为马来西亚的消费电子产业远未形成规模，几乎没有本土品牌。所以，众筹中最大的“吸金”门类——智能硬件，在 Mystartr 平台上很少涉及，它们主打的是演出、出版、文创等细分领域。在这些领域，Mystartr 取得了突破性的成绩。

最高集资额：《小电影》重映计划

www. Mystartr. com/projects/thedreamboyz

最高超额集资：《你不是别无选择》集资出书

www. Mystartr. com/projects/pmbook4

音乐类最高集资：Fayse The Music

www. Mystartr. com/projects/fayse

表演艺术类最高集资：Orang Orang Drum Theatre's Europe Tour

www. Mystartr. com/projects/oodteuropetour

作为中国第一批跨境众筹的倡导者和践行者，从 2015 年底开始，我几乎每个月都去一趟马来西亚，举办课程和演讲，并对当地的项目进行辅导，同时深入研究中国、马来西亚和新加坡之间跨境众筹的机会与路径。

对于马来西亚的众筹市场，我有一些观察和观感：

第一，相比产品众筹，股权众筹要复杂得多。所以，产品众筹应当在规模和顺序上大大领先于股权众筹；虽然马来西亚是亚洲第一个对股权众筹单独立法的国家，但是仍然应当大力推广产品众筹。

第二，2015 年马来西亚全国的电商总交易金额为 35 亿马币，但是也只相当于淘宝小半天的交易金额。众筹的深入推广，并达成百万级的筹资金额，恐怕就要在一般的电商之外另谋出路了，其中，最主要的办法是：推行众筹 2.0，也就是“社交型”众筹，小众强关系，以社群化、高黏度的方式进行，不单是谋求众筹平台总体的流量，更要致力于单个项目的人气和金额聚合。

相关链接：马来西亚 7 个众筹平台的网址

产品众筹平台 www. mystartr. com

首批六家股权众筹平台（获政府许可）

www. crowdo. com

www. alixglobal. com

www. pichin. my

www. crowplus. asia

www. eureeca. com

www. ata-plus. com

THE PARENTHOOD 亲子乐园马来西亚及东南亚首项非科技股权众筹挂牌

秉持优化父母与孩子的生活素质概念的 The Parenthood 亲子乐园，于 2015 年 12 月在吉隆坡 Sunway Putra Mall 成功举办隆重的推介礼后，The Parenthood Venture 有限公司宣布在 Crowdo 的股权众筹平台上挂牌，搭上股权众筹这班列车。这也是马来西亚及东南亚首项非科技股权众筹挂牌。

通过这一途径，它将为投资者及相关行业经营者开启一个投资契机，成为该公司的一分子，参与东南亚首个以伦敦街为主题，以一站式家庭亲子概念为基础的室内家庭式主题乐园。

财政部副部长拿督蔡智勇受邀为该盛大活动主持开幕式，称赞由首席执行官李治威（Leroy Lee）与市场销售董事曾琬诒（Lillian Chan）领军的 The Parenthood 团队，成功在马来西亚首创独特的家庭亲子中心概念。

这两位企业家不仅在展览市场拥有丰富的实战经验，而且组建了一支来自教育界、健身器材以及会展管理等领域经验丰富的专家组成的管理团队。

The Parenthood 联合创办人李治威称：“我们加盟股权众筹挂牌的首要目的，是为了强化我们的企业品牌，并且提高我们的亲子概念商业模式意识。”

我们也与相关行业者紧密合作，协助他们推销产品并建立品牌形象。我们希望借此吸引更多的潜在投资者，参与这个进场资本低的新商业模式。”

“随着我们在 Sunway Putra Mall 成功推出总面积达 1.6 万平方尺，投资额 300 万令吉，首个以伦敦大街为主题，可容纳 33 个零售店面与 100 个品牌的家庭式主题乐园后，我们将在 Sunway Pyramid Shopping Mall 也推出一个家庭主题乐园。”李治威在致欢迎词时表示。

“这将会是一个更大规模的室内家庭式主题乐园。我们还有意在马来西亚再开设一个类似的家庭主题乐园，并且放眼在 2018 年，把我们的业务拓展至海外市场，包括新加坡、印度尼西亚、泰国和中国香港地区。”

“随着我们在股权众筹平台挂牌获得更多曝光率之后，我们打算在 2020 年使 The Parenthood 在香港交易所的创业板（Growth Enterprise Market）挂牌上市。”

李治威补充道：“这一次，我们的目标是从股权众筹活动中，筹集 100 万~300 万令吉的资本。我们希望投资者们可以参与我们公司的成长。”

“作为东南亚首个非科技背景的股权众筹项目，The Parenthood 的股权众筹活动将会开放 45 天，股价定在每股 70 令吉，最低投资规模为 30 股，相当于 2100 令吉。”Crowdo 联合创办人兼首席执行官嶋田玲央渚（Leo Shimada）在出席推介礼时宣布。

大马人可以登录 Crowdo 的网上平台 investment. crowdo. com，注册成为投资者，以便参与 The Parenthood 的股权众筹投资项目。

无论是投资数额，还是持股期限，注册投资者对 Crowdo 股权众筹平台的所有投资拥有绝对控制权。注册投资者所投资的钱款，将会直接进入特定的银行户口。

作为东南亚最大的股权众筹平台之一，2015 年 6 月，Crowdo 获得马来西亚证券监督委员会（SC）批准，成为持牌的股权众筹营运业者。

The Parenthood 的首要目标是那些需要既省时省力，又可以维持高素质家庭生活的一站式家庭亲子方案的城市年轻夫妇。2017 年马来西亚的人口预计将达到 3162 万人，更多的孩子将会出世，The Parenthood 提供的服务方案，可占据天时地利人和的优势。

（摘自《精明理财》杂志，有删改）

第三章　在中国大陆集大成

被誉为“世界工厂”的中国产业基地，必须要通过双创，完成技术突破、品牌提升的转型升级，而众筹正是双创最高效的落地神器。

在中国众筹领域，第一家正式上线的众筹平台是“点名时间”，由张佑创立，2011 年面世并独立发展。

之后众筹平台的进程呈独立发展的态势，也曾在各个细分的领域中，涌现出众多弄潮儿和独步一时的佼佼者。

2013 年底和 2014 年初，中国一线的电商平台开始介入。当它们挺身跃入这个领域后，以往独立系的众多众筹平台，逐渐被推出主流视野之外，直至最终被淡忘。点名时间于 2016 年被收购，它在中国首开风气之先，但在众筹沙场上的最终赢家却不是它。这是全球众筹领域中中国特有的现象，让人不胜唏嘘。

基于“电商”和“资本”两大天然属性，众筹引起中国综合性电商嗜血般的关注乃至深度介入，自然就毫不奇怪了。

京东、淘宝、苏宁三大综合性电商，自然生发出三大众筹平台：京东众筹、淘宝众筹和苏宁众筹。三大巨头一度摄取了中国众筹行业 70% ~80% 的市场份额。

第一节　平台众筹

一、京东众筹：从简单的产品众筹到项目、公司乃至众创生态圈孵化

京东集团目前有三大业务板块——电商、金融、技术，众筹属于京东金融的七个板块之一。

京东众筹脱胎于京东电商，3C 及智能硬件的基因和烙印十分明显，由

此而形成的竞争优势也十分巨大。

2016 年，中国众筹金额最高的两个项目——小巨蛋无人机和小牛 M1 电动车，都是在京东众筹的平台上实现的。相比其他的众筹细分种类，智能硬件更容易流程化、标准化，行业资源也容易达成最大限度的共享，同时，在所有众筹项目种类中，也容易达到最高的募资金额，中外皆然。

还有，智能硬件更富有创业气质，也更容易与各地的创客空间形成整合和连接，与设计公司、新媒体、自媒体等社会化媒体营销公司、代运营公司等种类繁多的创业服务公司形成跨界合作。

京东众创生态圈覆盖了京东的资源、投资、服务对接、培训四大体系，已被打造成为一站式创业创新服务平台，向所有创业者开放。

应该讲，相比而言，在三巨头中，京东众筹是最有众创气质、最有学习能力、最朝气蓬勃的一家，众创生态圈的建设也是最完整和落地的。

而京东服务的主要客户也提炼和描绘得很清晰：

- 愿意消费购买“新奇好玩”产品、具备生活品质体验的人群；
- 有创意但缺乏初始启动资金的个人或小微企业；
- 有实力但需要初期市场验证的实力公司；
- 愿意更好优化自身产品的公司。

从各种经营数据来看，京东目前已经坐稳中国众筹平台头把交椅。

2016 年 10 月 10 日，PowerEgg 无人机更是以 1.02 亿元的众筹金额，成为第一个亿元人民币众筹项目，再次刷新中国众筹金额之最的纪录。

数字是硬道理！京东目前的布局和未来的走向，更加令人遐想。

可以引起我们遐想的，主要有两件事：

第一，京东完整地引入了吴声创立的“场景革命”的商业思维和模式，“场景化”自然会成为京东众筹的另一个方向，同时，“京东到家”推行的生活服务一体化的O2O平台，帮助消费者串起身边的各种生活小场景，通过“新消费形态”“新文化主张”和“新生活态度”，推出系列“新场景解决方案”。

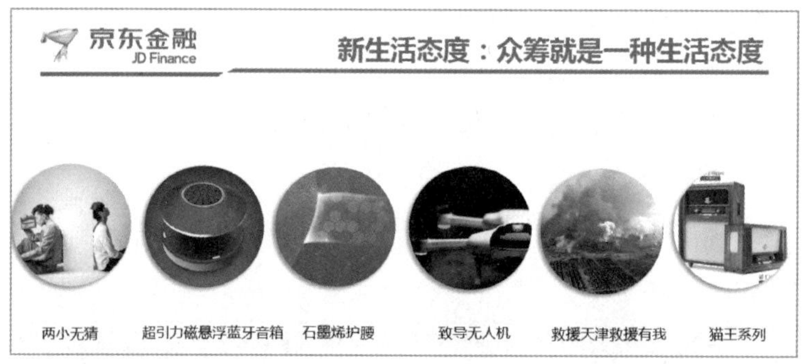

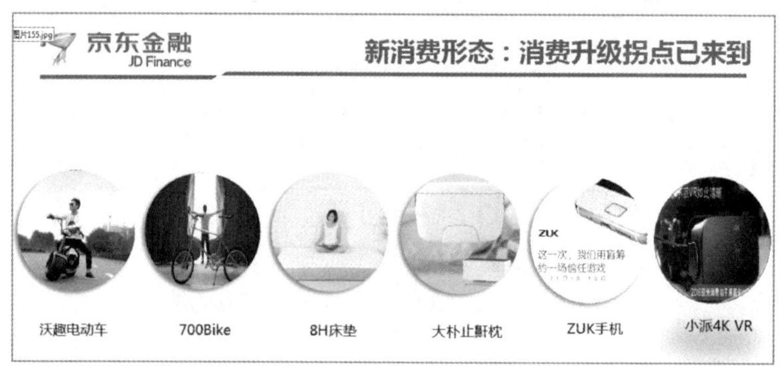

京东系列“新场景解决方案”

第二，京东众筹发布了“IP＋产品”的文化类众筹模式，旨在通过京东大数据对于用户需求的分析，选择更加匹配的 IP 方和产品方，为双方提供精准化对接，降低行业成本，实现最大的价值提升，京东文化类众筹希望能够成为 IP 产业的孵化器，给整个文娱行业指引新方向。

同时，京东文化类众筹推出了针对“IP + 产品”的全新运营模式：

第一，要打造以 IP 为导向的流量入口，汇聚海量 IP；

第二，打造“IP 热度指数排行榜”，树立行业风向标；

第三，采用粉丝社群化的运营方式，让 IP 方和产品方能够清晰地了解用户需求，形成 C2B 的反向定制。

这两件事不同寻常的伟大意义，都是在试图改变京东以往过“硬”的系统基因，重新构建众筹产品的开发与设计逻辑，同步拓展新的粉丝群体和产品来源，继续拓展众筹版图上新的疆土。

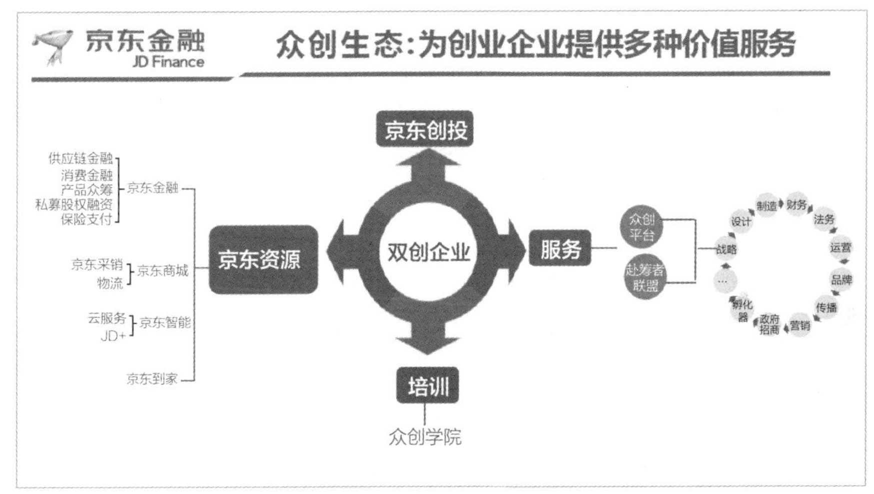

京东众筹首创的众创生态

2016 年，京东众筹开始搭建“产品众筹 + 股权众筹 + 众创生态”三位一体的创新模式，进一步完善众创生态布局，为创业创新企业提供完整生命周期服务，其中第三部分“众创生态”是目前国内最完整的和最深入的，而且已经开始以“京东众创学院”和“京东众筹体验馆”的方式，落地全国，以推动京东创业生态在全国落地和深耕。

京东已经成功地走出了一条从简单的产品众筹到项目、公司乃至生态圈孵化，以“创新孵化”为核心功能和主要特征的崭新道路。这是国内最复杂、最完整的众筹业务体系，彰显众筹是企业发展的全过程中不可或缺的环节，具有重要地位。

客观地讲，国内以电商为基础的三大众筹平台中，京东众筹在整个母公司版图中的权重、资源投入，乃至综合实力还是最强的，整体绩效也是最好的。

这源于京东集团野心勃勃的进取心。

二、淘宝众筹：创新者进入“淘宝体系”的入口

“认真对待每一个梦想”，这标准的“淘”式语言，是淘宝众筹的口号，相信也是他们的座右铭。

在中国，马云对商业的策略性、全局观，以及对于商业趋势和模式的洞察，无人能敌。众筹自然也是淘宝大版图中精心配置和布局的一部分。

以前的淘宝只卖成熟的产品，而现在的众筹还是服务小微企业，但是把服务的范围扩展到小微企业的“未生”产品领域中。

虽然，淘宝的骨子里有最浓郁的“卖货”基因，但是它对于“众筹”本质的认识，也是很准确和深刻的。

淘宝众筹是“淘宝微创孵化平台”，是小微企业进入淘宝的大门，是创新产品的孵化器，是普通人实现梦想的舞台。

换成自白式的语言，是这样描述的：

- 不是大中老，是小微新（商家）
- 不是低价，是情怀和物有所值（售价）
- 不是成熟，是创新和个性（商品）
- 不是卖到爆，是成长和积累（销量）
- 不是只看成交，是培养和孵化（目标）
- 不是买完结束，是互动和智慧的汇集（互动）
- 不是卖卖卖，是发现惊喜和实现梦想（特色）

淘宝整合集团旗下的天猫电器城、阿里智能云、淘宝众筹三个业务部门，组成阿里巴巴智能生活事业部，在内部调动各种优质资源，全面支持智能产品的推进，加速智能硬件孵化速度，力争提高市场竞争力。

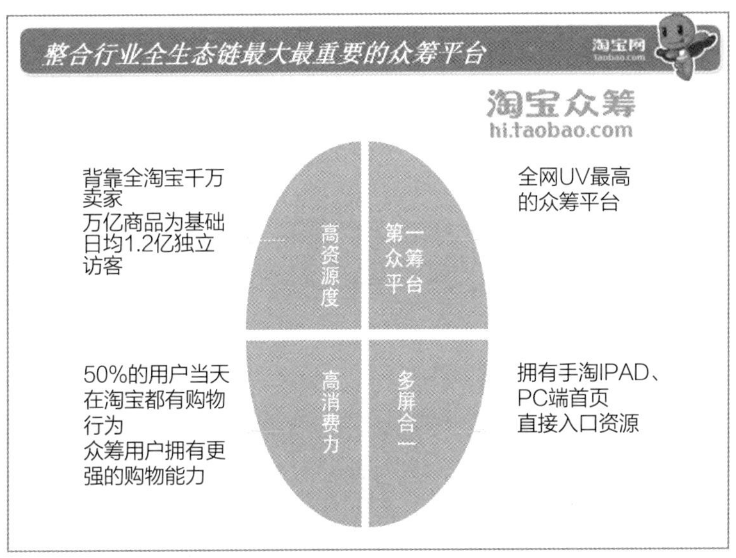

作为“微创孵化平台”的淘宝众筹

阿里巴巴智能生活事业部不但整合了电商销售资源，还集成了云端数据服务、内容平台，旨在打通全产业链。该部门主要由三大业务组成：智能云主要负责为厂商提供有关技术和云端服务；天猫电器城为知名大厂家提供“规模化”的市场销售渠道；而淘宝众筹则为小微企业和项目以及创业者提供“个性化”的项目孵化渠道。

淘宝还对接了富士康这样的制造业巨头，以便在后续量产的环节更好地服务众筹项目，尤其是科技类众筹项目。

相比京东众筹高质量的用户流量和供应链控制能力的优势，淘宝众筹的优势是超大用户群流量和丰富的营销创意广告方案。

三、苏宁众筹：剑走偏锋

苏宁众筹是苏宁云商金融集团旗下的众筹平台，涵盖科技、设计、娱乐、文化、公益、农业、地产等多个领域。苏宁众筹平台 2015 年 4 月 16 日上线，截止到 2016 年 8 月底，已帮助 1265 个项目筹资超过 9.6 亿元，累计参与人数 337.1 万人，并打造了 22 个千万级项目，如 NANO 琅龙无人机、霸迪维便携式空气净化器、炫特斯驰客 K-7plus 电动折叠车、Ankuai 骑行运动代步车、《乔家大院 2》影视众筹、《纳妾记》影视众筹等；58 个百万级项目，如艾琳德智慧养老系统、伍妹娘智能蚕丝按摩内衣、山西阳高京杏、江苏馆消费宝众筹等。

苏宁众筹首创 O2O 式众筹，依托苏宁云店，是国内唯一一个实现在线上平台、1700 家线下实体门店同步开展众筹产品体验的全渠道平台，将线上冷冰冰的众筹产品、服务转化为有温度的线下体验，切实提升用户“参与感”和“场景感”。

苏宁独特的 O2O 众筹

苏宁众筹的定位是，支持中国创造，为平凡人提供非凡的舞台，创造非凡的经历，实现创新创业者梦想的平台，打造国内合伙人优质平台。

苏宁众筹通过“变费为宝”的“消费宝”，在国内首推互联网金融锁粉模式和理财型众筹模式，大大有别于京东和淘宝的产品预售型众筹。

简单来讲，“消费宝”的产品特质，就是“消费 + 理财”，是为消费而进行的投资理财，也是一种具备了金融属性和产业属性的消费产品，是苏宁众筹首创的消费众筹类创新金融产品，于 2016 年 2 月 23 日正式上线，短短一周时间，就吸引 2 万余人支持。

在互联网时代，苏宁有着不可超越的渠道优势，它几乎是唯一线上线下均处于领先的地位，且已实现线上线下融合发展的渠道。苏宁在线下拥有1700家实体门店、72家云店、15个生活广场，在线上众筹的同时，可以在线下采用门店展示众筹的方式，使顾客体验产品、了解产品。这在全世界的众筹领域中，都是绝无仅有的。

第二节 社群众筹

一、消费升级，催生新的物种

“经济新常态”已经成为“常态”的形势下，中国的产业规划和经济策动的重点是什么？第一是拉动内需，第二是消费升级，第三是以“消费升级”为主题的拉动内需。

2015年10月，瑞信曾公布了一个数据，中国有成熟购买能力的消费者有8亿人，其中6亿人是老百姓，另外2亿人中的一大半，也就是1亿以上属于中产阶级。

当然，关于中产还没有形成清晰的定义，但事实是，中产的力量，尤其是中产的消费力量已然崛起，他们不再只追求“价廉物美”，他们愿意为产品基本性能以外的东西支付溢价，他们用“性能比”替代了以前的“性价比”——他们需要住更有质感的房子，他们需要吃以前主要供货给日本的松茸，他们需要吃纯有机的谷米，等等。

2016年是中国新中产消费元年，宏观形势策略很清楚，但是，微观操作到底该如何做呢？这波汹涌的大潮之下，又会催生什么新的“物种”呢？

因为脱胎于母体电商的巨大流量，京东众筹、淘宝众筹、苏宁众筹等一经正式亮相，便吞掉了其他独立型众筹平台的市场份额，这三大电商的阴影已横亘在它们眼前。但经过仔细分析，三大众筹平台都存在需要完善的地方，其他众筹平台仍有可捕捉的机会。

京东众筹，脱胎于京东电商，3C以及后续智能硬件的基因和烙印非常明显，产品品类很清晰，但客户群体却比较模糊。

淘宝众筹，继续服务中小企业，并把服务的范围扩展到孵化未有的新产品，但是它的形象却更为模糊。

苏宁众筹的差异化在于线下的1700家实体门店，但如果线上线下整合不顺，它是否仍具优势？此外，苏宁众筹的产品品类和客户群体也都比较模糊。

三大平台存在共同的问题，那就是形象不够鲜明、不够动人，产品不够走心。一句话，它们是平台，但不是社群。

2015年9月9日，中国首届国际众筹展览会暨论坛在厦门完满结束。作为主编，我汇集了论坛嘉宾的发言，继而补充了“中国十大众筹案例”“中国十大众筹平台”和“中国十大众筹人物”等“十大系列”，形成了从观点到案例，再到工具的完整内容体系，整理成《用众筹，连接世界》一书结集出版。在编撰过程中，有一个公司被业内朋友屡屡提及，这个公司就是“开始众筹”。

“开始众筹”作为后起的独立形态，它还有多少机会？或者说，它怎样做才能有机会？

二、“愿你出走半生，归来仍是少年”的徐建军

“开始众筹”创始人徐建军

在着手创立“开始众筹”时，徐建军研究了Kickstarter上的很多明星项目，最后决定要做些和京东、淘宝众筹不太一样的事。

徐建军认为，一个好的众筹平台，一定具备三个基因：一是媒体基因；二是互联网移动社群基因，三是金融基因，缺一不可！徐建军之前有媒体和金融两大行业的成功从业经验，有深厚的媒体和金融两大基因。他对于众筹底层的逻辑、中间的方法论和宏观经济趋势的洞察都十分清晰。他认为，消费升级是“个性化”针对“标准化”的升级，这是“开始众筹”业务规划和执行最核心的导向。

"这就是你报复平庸的方式"，打开"开始众筹"官网，这句话扑面而来！

"开始众筹"官网首页

"开始众筹"是国内首家生活风格型众筹平台，2015 年 3 月正式上线，率先在国内打造"超级真人秀"浸入式的项目呈现方式，通过个性化的产品回报和强烈的参与感，力求让众筹回归本质，成为越来越多的人"报复平庸的方式"。

"开始众筹"的前身是微信公众号"开始吧"。徐建军以前是一个优秀的媒体人，对于文章写作技巧和传播热点的把握是一流的。所以，"开始吧"早期文章的阅读量，往往轻松过 10 万，自然积累起数十万的粉丝，他们是一群有理想、对生活品质有追求、比较感性的人。"开始众筹"将微信公众号"开始吧"作为重要的粉丝积累工具，不断推出生活志趣类的 10 万 + 阅读的文章。而这些文章的流量，最终导给了精心推敲过的有故事脚本的众筹项目。

而"开始吧"的第一批故事，也大多来自其后台粉丝，如《南方体育》巴西世界杯特刊的复活计划、三个普通梦想家众筹拍摄"民间有高手"的视频计划、10000 个屁股的拍摄计划等。

"开始众筹"是一个基于故事和共鸣的众筹平台，几乎每个项目都成了有"人文情怀"的人物影响力的通道，以类似真人秀的内容模式，将项目和发起人的影响力一并炒到了高位。

尽管"开始众筹"一直坚持高标准的项目筛选，但是从 2015 年上线的项目来看，还是有些焦点发散的。后来，"开始众筹"聚焦"民宿"和"餐厅"这两个具有消费需求明确、高频低值属性的独特品类，从而终于进入"迅速放量"的持续上升通道，并形成了持续化的社群消费，所谓的"社群一致行动"。更厉害的是，社群化、社交化的做法，在一个众筹项目结束后，还可以维持相对活跃的程度，并进入到下一个众筹项目。

三、打爆并重新定义中国民宿

2016 年下半年开始，"开始众筹"持续聚焦"民宿"，并衍生出"美宿”和“名宿”的细分品类。

“宛若故里”创始人金杜

目前，在“开始众筹”平台上已经完成众筹的民宿项目有近50个，其中大部分集中在江浙一带的莫干山、松阳、桐庐、西塘等地，平均每个项目能够拿到250万元以上的众筹支持，认购率超过500%。在通过“开始众筹”完成众筹的项目当中，有相当多的一部分已经成长为全国一线的民宿。

“在全国12个地方，建12个民宿，让你12个月当中，在每个民宿的感受，都是宛若故里”，金杜对场景化体验的描述，捕捉得准确、动人，她的价值主张也是清晰和感人的。

“隐居”创始人黄严

“把民宿变成一个开放空间，向当地的村民开放，并帮助村民修宗亲家谱，最大限度地真正融入当地村民的日常生活中”，通过投资民宿，复兴乡村，是“隐居”创始人黄严的价值主张。

香格里拉“松赞”酒店创始人白玛多吉对藏传佛教有着很深的体悟，并为旅客提供了非常完备的属地配套服务，帮助旅客通过“地之肚脐”进入离世外桃源“香巴拉”最近的地方。

“松赞”创始人白玛多吉

“平台前，山溪涧，白云升腾，扑面而来，闲暇之间，同样体会人生的壮阔和豪迈”，这是“过云山居”创始人廖智敏试图营造的极致民宿体验。

民宿是一个非常容易产生极致体验、“连接”和衍生机会，形成高质量社群和社交的地方，同时又是很容易实施场景电商的最佳空间。在目前“消费升级”的持续升温中，民宿的投资无疑是非常受关注的。

在半年多的时间里就完成了这些民宿项目，加上逐渐扩大的影响力，这让“开始众筹”的创始人徐建军相信，自己终于打爆并重新定义了民宿这个行业。

“过云山居”创始人廖智敏

在半年多的时间里，“开始众筹”自身也连续完成了三轮融资，吸引了经纬中国、元璟资本、昆仑万维等风险投资基金。在2016年6月初结束的B轮融资中，他们拿到了1亿元人民币，估值升至1亿美元。

对众筹最本质的概括就是“社交性融资”，兼顾社交性和融资两大特性。从创业之初，开始众筹和京东众筹、淘宝众筹的侧重点就不一样，方向不一样，成果和前景也不一样，值得业界期待。

社群经济、消费升级、重新往线下走的O2O、自媒体传播、社群电商、资本市场、IP、网红，如果有一个项目可以全部囊括这些元素并将它们有机结合，它将成为综合竞争力超强的创业企业。在“开始众筹”的平台上，会出现这样的企业吗？

第三方机构盈灿咨询发布的《2016年9月众筹行业报告》显示，2016年9月，中国众筹行业共成功筹资12.89亿元，其中奖励类众筹筹资金额为10.23亿元；“开始众筹”以筹资金额超亿元，位列奖励众筹平台募资金额首位，超过了京东众筹、淘宝众筹、苏宁众筹等互联网巨头众筹平台。

消费升级的核心，不只是一般意义上的“更好”或“更贵”，而是“个性化”对抗“标准化”，只要需求强，只要定位清晰，即使开始是小众，但是到最后，这个小众，还会小吗？

第三节 杨勇与“中国式”众筹

北大三角地的集体记忆

在中国第一学府和知识高地北京大学，如“吴市场”“厉股份”一样，杨勇也博得了“杨众筹”的雅号。2013 年 10 月，杨勇牵头众筹的北大 1898 咖啡馆开业，这标志着基于中国人圈层文化特点、完全不同于西方陌生人众筹的熟人圈“中国式众筹”模式横空出世。

一、北大 1898 咖啡馆的缘起

（一）校友为主的交流平台

作者在1898咖啡馆

1898 咖啡馆位于北大东门对面中关新园 9 号楼，为纪念北大诞生而命名，是国内首家“校友创业”主题咖啡馆。此众筹模式的“始作俑者”是北大校友创业联合会秘书长杨勇，他之所以创建 1898 咖啡馆，完全是为了给北大校友创业联合会找到一条可健康持续发展的道路，这几乎是所有社团组织都面临而难以突破的困境。

1898 咖啡馆发起人几乎覆盖北大 1977 级到 2000 级所有学院和专业的毕业生，涉及金融、移动互联、新能源、新媒体等多个领域；其中不乏蓝色光标董事长赵文权、拉卡拉创始人孙陶然、北大纵横创始人王璞、佳美口腔创始人刘佳等知名校友。

（二）准入门槛保证品质和咖啡馆的“关系营销”

杨勇认为，在中国的文化、法律环境下，面向陌生人的众筹带有较大风险。

在准入门槛的设置上，杨勇也花了一番心思：发起人推荐的申请者必须通过执委会表决，半数以上通过才可获得准入资格。先进入者在熟人推荐和执委会表决环节，都会选择那些对自己和圈子更有价值的人加入，这两个方面保证了进入圈子的都是优质资源，也保证了圈子内部的互动价值和合作质量。

咖啡馆发起人同为北大创业校友，这样的圈子本身就蕴含着极强的信用背书。作为创业校友，发起人天然有着较高的认同感和信任度，大大降低了参与者的沟通成本和交易风险。同时，这种熟人圈内部的失信成本也是极高的。

（三）创新顶层设计下的独特运营体系

1. 股权分配平均化

1898 咖啡馆采用独特的会员“股东”化设计，按照发起人的出资额返还等额的消费卡，内部承认其股东身份，且股份完全平均，由几位股东注册公司运营咖啡馆，其他股东的股份由注册股东代持，股份平均也省去了增加或减少股东时的烦琐手续。

对此，杨勇曾做过精准的概括——这一模式能给股东带来参与感、归属感和荣誉感。

在这里，发起人既是投资者又是消费者，还是传播者。同时，这一设计保证了每个发起人都是平等的，大家按照规则民主参与，并没有谁是“老大”，大大调动了发起人的参与积极性和主人翁精神。

另外，1898 咖啡馆还有许多有趣有效的“玩法”，如股东值班制，咖啡馆要求每位股东每年要在咖啡馆值一天班，上午体验当服务员端茶送水，下午约朋友来聚会聊天。

2. 双层管理架构

1898 咖啡馆模式在组织上实施简单而独特的双层管理架构。第一层由执委会、监事会和秘书处组成，以服务股东为核心任务。执委由股东选举产生，三年任期，可连任两届。秘书处的职能是为股东服务并促进股东之间合作，协助开展活动，帮助股东获得在投资咖啡馆过程中自身业务的发展。

第二层，则由专职的职业经理人团队组成，以咖啡馆经营为核心任务，向执委会负责。

在这一模式中，不仅兼顾了咖啡馆的经营，股东们还可以腾出更多时间做自己的主营业务。

北大1898咖啡馆众筹基本信息表

地址：北京市海淀区中关新园9号楼

人数：200人

入资额：第一批3万元/人，第二批5万元/人

特点：北大校友创业之家

代表性活动：股东值班、午餐思享会、股东生日会

首席架构师：杨勇

轮值主席：郦红

现任秘书长：杜军

首席运营官：庄凤桃

运营长：蔡润维

二、“中国式众筹”的三大原则

在教育、金融、互联网等行业工作的十多年中，杨勇曾参与过许多行业协会的工作和活动，对传统行业协会的瓶颈和弊端有着很深的理解，对改造传统行业协会的模式和方法也有着长期的思考和实践。所以，2013年杨勇为自己担任秘书长的“北大校友创业联合会”寻求一个固定的活动场地和经费时，创造性地提出了每人出资3万元，以“股份均等、等额返卡、3年不倒闭”为基本原则，开一个校友咖啡馆的设想，并迅速得到了校友们的积极响应。

厚积薄发，杨勇十多年的创业经验和行业协会经验，终于集大成于1898咖啡馆，诸多元素贯通后，他设计出了一整套商业模式和组织机制，并提炼出一整套的思维与方法论。

从1898咖啡馆出发，杨勇又成功推出了金融客咖啡、佳美儿童口腔医院、经心书院、花色优品等多种类型的众筹项目，还有更多的项目在路

上，一发不可收拾。

杨勇的“中国式众筹”中“共创、共治、共享”的核心理念和运作思路，确实可以作为许多商业组织的创新型顶层设计，使许多商业组织拨云见日、脱胎换骨，突破机构现有的增长瓶颈。

在“中国式众筹”之前，以淘宝、京东、苏宁等众筹平台为代表的众筹业务形态主要有以下四个特点：

- 基于互联网的线上
- 基于陌生人
- 以具体产品创新为特征
- 以产品回馈型为主

具有以上特点的众筹项目由一线众筹平台线上线下一起强推，会持续强调单个项目众筹金额和支持人数的“节节高”，所以，大家所了解和知道的“众筹”，往往是创新类的具体产品项目。

而“中国式众筹”，它也有四个特点：

- 基于线下
- 基于熟人圈
- 以服务类为主
- 以股权投资型为主

对众筹最确切的定义，应是社交性融资——用社交化的方式，达到最终融资的目的。具体实施的过程中，则包含了预售、团购、集资等要素，社交化贯穿在众筹前、众筹中、众筹后全过程。社交化的社群是众筹最关键的属性，也是确保众筹成功最重要的要素。

“中国式众筹”改变的往往不是项目内容本身，而是项目的顶层设计、运营思维和制度，从表面上看，看不出大的变革，也远没有淘宝众筹平台、京东众筹平台和平台上面众筹成功的项目有市场影响力和盛名，但它同样具有独特而持久的威力，静水流深。它有下列成功的三大原则：

（一）股权均等

众筹与以前的“集资”的最大区别在于，众筹是用大家的钱来做大家的事，而集资则是用大家的钱做一人的事。

股权均等，可以天然地在股东之间形成民主、平等的气氛、沟通方式和关系，去中心化而激发每个人的能动性、参与感，形成有质量的、活跃的社群。

（二）等额消费

不同于预售，区别于团购，更区别于单纯的财务性投资，众筹有四大特点：内生需求、参与感、社交性、去中心化。

众筹的本质是“消费型投资”，首先是自己喜欢、自己要消费，否则便无从谈起，从“消费者”身份，进化到“股东”和“推销员”这样的三位一体的超级身份。“消费型”是80%的众筹重心，在于具体真实的消费，而非财务回报，同时股东和公司之间也容易构成一种更为轻松、自由、简单的合作关系。消费是大头，是主要的回报方式，各种股东权益（包括对于公司治理的种种要求）乃至分红，是次要的，是福利，就不必太计较了。

（三）三年不倒闭

“三年不倒闭”的豪言乍听有点奇葩，企业经营瞬息万变，谁敢说这样的大话？进而如何保持三年不倒呢？

其实，以保守型财务思维算清楚每年固定的运营费用总额（房租、工资等），然后筹到够花三年的钱，就可以实现“三年不倒闭”的承诺了。但这应该是一种颠覆性的思路。

以前，我们筹备一个新项目、启动一个新业务时，业务拓展的逻辑是“大数法则”：第一步市场分析，每年有多少过客？有多少客户？每人平均消费多少？总额是多少？我只要争取到其中的1%的话，就会实现多少营业额？这是从外向内的顺序，从过客变成客户，从客户变成会员，从会员变成股东。

这个逻辑最大的问题是，你不知道这个1%究竟在哪里。也许，你从人群开始逐个搜寻，到真正找到这个1%之前，公司已经死了。

但众筹的逻辑和次序正好是相反的，它是从里往外的，从股东到会员，从会员到客户，从客户到过客。通过众筹，发起人可以先找到并锁定最基本的、天使般的种子客户，保证可以从他们那里先筹集到公司运营3年所需的最低的固定运营费用，保证公司的现金流为正，使公司运营处于“盈亏平衡点”之上的安全区域。

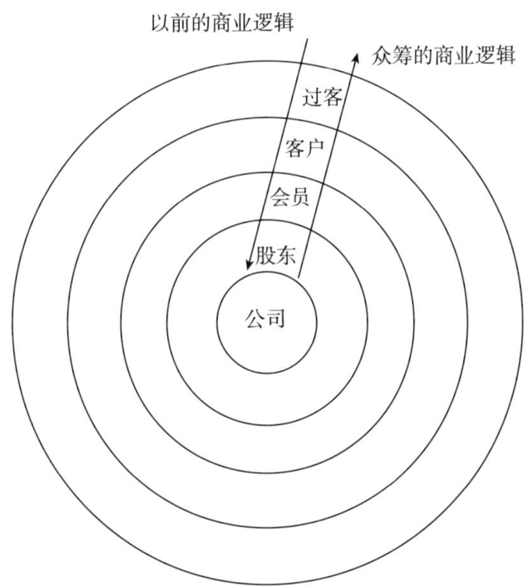

众筹的全新商业逻辑

未来的商业可能是一个小而美的逻辑（起码源点如此），而不是一个用户量支撑的大众逻辑。

在帮助许多朋友做项目规划和顶层设计时，我都尝试使用“中国式众筹”的三大原则，我发现这是一个有奇效的方法——尽管一开始，只是帮助企业完成“0 到 1”的第一步，但“中国式众筹”的植入做法，彻底改变了新项目的顶层设计，使之具备了社群裂变的基因和可能性。

杨勇曾与马化腾、任志强、刘永好、马蔚华、熊晓鸽等中国一线的商界精英讨论过“中国式众筹”。他们也敏锐地捕捉到众筹当中隐藏着崭新的商业思维与逻辑，这是在以前的商业实践中从未出现过的，其中蕴藏着巨大爆发性的内生能量与商机。

三、世界潮流下的“中国式众筹”

2014 年由奇点大学创始执行理事萨利姆·伊斯梅尔（Salim Ismail）在《指数型组织：打造独角兽公司的 11 个最强属性》一书中第一次提出了“指数型组织”这个术语。他发现，在当今这个时代，不但技术呈指数型增长，刚刚创业的“独角兽”公司如滴滴打车、Airbnb、小米，或者成功转型的传统公司可口可乐、海尔、通用电气，都可以 10 倍或 100 倍的速度扩张，这些公司就是奇点大学定义的“指数型组织”。

更重要的是，伊斯梅尔提出了打造独角兽企业的11个最强的属性，这为我们目前的“互联网思维”和“互联网+”改造，提供了非常具体而且可以落地实施的方法论。

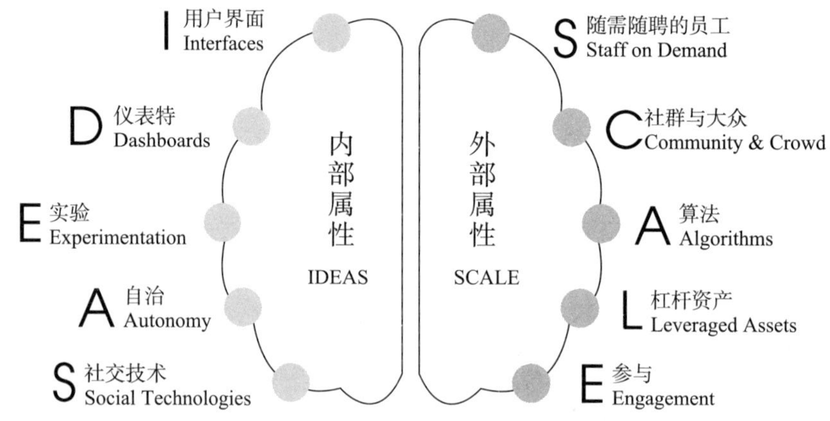

指数型组织的11个最强属性

在指数型组织的11个最强属性中，与“社群”相关的属性有3个——社交技术、社群与大众和参与，占比位列第一，所以，“社群”是最重要，也是最有威力的属性，可见，“中国式众筹”的核心属性与打造独角兽的属性是完全重合的！

这是杨勇所著畅销书《中国式众筹》的封面，书名上面的宣传语“众创行动路线图”，描述是很准确的，但副书名“互联网革命的下半场”则有点言之过早，应该说，“中国式众筹”才刚刚起步，好戏在后头。

杨勇“中国式众筹”之十大要领

要领一：项目定位

1. 一句话说清楚大家为什么凑在一起？
2. 基于项目定位，做详细的资源盘点

3. 挖掘项目亮点，力争做成细分领域 NO. 1

要领二：项目选址

要领三：模式设计

1. 明确众筹类型和具体操作模式
2. 项目前期重在统一价值观，“没方案”磨出理想的样子
3. 通过超值回报，吸引有资源的投资人

要领四：股东甄选

1. 找好牵头人及形成核心
2. 确定股东甄选标准和维度
3. 功利法则：推荐制让前面的人决定后面的人
4. 众筹五部曲：通过层层推荐招募股东

要领五：组织架构

1. 建立高效众筹组织架构，保证决策效率
2. 独特双层架构满足不同层面核心诉求

要领六：签约入资

1. 入资前形成完善的法律文案和财务制度
2. 签约入资前应消除所有潜在问题
3. 确定出资额的考虑与技巧

要领七：圈子激活

1. 制定大家愿意响应的游戏规则持续互动
2. 通过利益机制，引导股东持续做出贡献

要领八：预期管理

要领九：持续经营

要领十：项目退出

第四节　众筹江湖英雄谱

2011 年“点名时间”问世后，众筹在中国进入了“野蛮生长”的阶段，尤其是从 2014 年开始，京东、淘宝、苏宁三大电商相继进入众筹领域。下面，让我们煮酒论英雄，盘点中国众筹行业中标志性的人与事，一窥其整体成就。

一、中国经典众筹项目

（一）TCL 网络定制空调

2014 年 12 月 15 日，TCL 与京东强强联合，在北京举办主题为“爱的温度，任你定制”——“首款网络定制智能空调”新闻发布会及启动仪式。作为空调行业的优秀企业，TCL 空调将空调产品的“定制权”交给用户，把以往用户并不了解的 TCL 空调的核心零部件，明明白白地展现出来。TCL 从“制造者”华丽转身成为“智造者”，大胆创新和勇于开放的创举，让人看到其实力与雄心。对于京东来说，这也是一次全新的跨界合作尝试，体现了从“产品驱动”转向“用户驱动”时代的到来。京东通过收集后台用户数据，精准分析消费者的消费习惯，指导 TCL 等上游厂商进行生产，共同繁荣电商市场的生态圈。

[作者解读]

TCL 成立于 1981 年，差不多是改革开放后的第一批企业，早于海尔、联想、万科和华为等当今中国最杰出的企业，虽然做的是空调这样传统得不能再传统的产品，但是，这丝毫不妨碍 TCL 创始人李东生的持续创新。

2014 年 12 月 15 日，“TCL · 京东网络定制智能空调”项目在京东众筹平台上线。用户只需要预付 100 元，就有机会将传统遥控器升级为

iPhone6，并拥有对空调的外观、功能、命名的决策权，还可在压缩机、蒸发器、冷凝器钛金翅片、智能 WiFi 远程控制、节能、静音、杀菌、除甲醛等 22 项功能中选择 6 项，4 款面板中选 1 款，从而定制并以低于市场价的价格购买自己的专属空调。

根据活动规则，只要众筹成功，参与定制空调的消费者支付尾款后，TCL 就会根据要求投入生产，然后根据订单进行配送。在此过程中，用户可随时查询空调生产的相关动态，还有机会免费参观 TCL 工厂，见证定制空调的生产过程。这样，TCL 实现了从线上定制到送货到家的全新生产销售模式，完全跳过了终端销售环节。

从表面上看，这个项目给 TCL 带来的有利之处是显而易见的：

- 解决了企业制造产品、采购零部件的资金占用问题；
- 实现了阶段性零库存；
- 聚集了粉丝群；
- 通过众筹在微博、微信朋友圈等社交媒体上的自发传播，制造了品牌曝光机会；
- 利用震撼的众筹数字，实现了“热销效应”，为媒体制造了新闻话题，并生产出一款持续热销产品。

从深层次看，这个项目对于 TCL 有更为深远的意义——第一次将“互联网基因”植入有着 33 年历史的老牌制造业企业，并通过具有震撼力的众筹数字，强有力地证明了这一成功植入的巨大效应，而这样的基因以前是绝对无法在 TCL 这样半军事化管理的母体中生长出来的。

同时，这也是第一个真正入我心的众筹。

第一，这应该是第一款网络“私人定制”空调，也是第一款有互联网基因的空调（以后具有相同基因的产品还会有食品、酒、手机、音响、汽车、餐厅等，不胜枚举），是 C2B 模式。

第二，这件事很小，但是后续的裂变效应会很大，巨量粉丝、参与感、O2O、云计算等互联网基因，会逐渐植入传统制造业的设计、采购、制造、营销、客服、物流、售后等各个环节，从而达成传统制造业和互联网真正融合的开始。

众筹，是我看到的京东弯道超车阿里巴巴的一个可能的机会。

以互联网改造中国传统行业的产融结合，已经是个谈了 N 年的题目了，但是真正成功有效的突破不多，即使在目前李克强总理大力推动“互联网+”的环境下，仍然是一个难解的问题，而京东与 TCL 双方合作的“私人订制”空调众筹，则开创了一条高度和现实兼具的路径，非常具有启发性。

在这条道路上，我们还可以看到：小米和美的、360 和酷派、京东和美的……

（二）三星 S6 Edge 钢铁侠限量版手机

三星 S6 Edge 钢铁侠限量版手机登陆中国后，引爆手机行业，众筹上线首日拍卖出 56 万元的天价，最终众筹人数达到 35.6 万的最高纪录，都印证了该款手机的潜在价值。

2015 年 6 月 30 日，最后 1280 台在京东众筹开始全球秒筹。上线仅 30 秒，京东页面访问人数激增，导致服务器宕机。上午 10 点 28 分，众筹页面恢复，正式开抢后不到 3 分钟直接被众多热情“星粉”瞬间抢光。

[作者解读]

本以为众筹只适合作为初创公司的“起事”利器，没想到三星这样的世界一线公司，也会乐意将京东众筹作为新产品 S6 Edge 钢铁侠限量版手机和 Galaxy Tab S2 平板电脑推广的首选平台，并以 35.6 万的支持人数，创下了当时京东众筹人数最高纪录。

"钢铁侠手机"项目最成功的地方，是设计了三个很特别的参与方式：

第一，朋友帮抢。邀请朋友帮抢手机，每天帮抢人数的前十名众筹参与者，均可直接获得 S6 Edge 钢铁侠限量版手机一部。钢铁侠手机不再是一个用货币交易的商品，而成了"微信强社交关系"下的互动奖励，人脉比钱更值钱。

第二，准点抢购。第一种模式，每天上午 10 点，1 台具有特殊编号以原价 7288 元可购买的钢铁侠手机准点上线，由最先完成下单并付款的消费者购得。第二种模式，众筹最后一天上午 10 点，最后 1280 台钢铁侠手机同时放出销售，上线仅 30 秒，京东页面访问人数激增，导致服务器宕机。上午 10 点 28 分，众筹页面恢复，正式开抢后不到 3 分钟直接被众多热情"星粉"瞬间抢光。这不仅刷新了三星钢铁侠手机在全球销售的所有纪录，也大大超出了京东众筹平台上任何产品的抢购速度。

第三，拍卖。原价 7288 元的手机，分别拍出了 36999 元、30300 元、51100 元和 50800 元的高溢价。这次拍卖也预示着传统思维下的"电子产品到手就贬值"的常规逻辑成为历史，钢铁侠手机成为首款发售后会增值的手机。

孜孜不倦于迎头赶超的执着和顽强，同时保持高度的灵活性与适应性，是韩国在过去 50 年发展中最主要的心得与经验。韩国这个国家如此，三星这家企业也如此。

（三）博乐宝净水器

2015 年 3 月 23 日，洛可可完成工业设计的博乐宝互联网智能净水器登陆京东众筹。开始 8 分钟，一举冲破 100 万元大关；48 分钟众筹金额超过 500 万元；5 小时 42 分钟突破 1000 万元；30 天共筹得 20899111 元人民币，创造了众筹奇迹。

博乐宝互联网智能净水器作为传统技术企业的首款转型之作，首创"核心技术 + 互联网产品设计 + 众

筹”的业态模式，并成功实现了“互联网 +”的两步走。

第一步，互联网 + 设计：WiFi 模块的植入及移动互联的应用，创造了博乐宝互联网智能净水器极致的用户体验；第二步，互联网众筹 + 设计 + 营销，通过京东众筹平台和洛可可的产品互联网设计理念，将博乐宝互联网智能净水器更快速地展示在消费者面前。

在这个“互联网 +”时代，一个好的产品项目很有可能因为不注重互联网这个大平台的强大效应，而无法实现价值最大化。因此，洛可可也在不断转型，致力于为客户打造移动互联网创新产品，为客户带来真正的创新产品及其商业价值。

[作者解读]

这个项目可圈可点的是两个主角：博乐宝与洛可可。

博乐宝的母公司博天环保集团从事水处理已经有 20 多年的历史了，博乐宝创纪录地完成 2089 万元的众筹金额，独创“核心技术 + 互联网产品设计 + 众筹”的业态模式，这个模式也为中国其他传统企业指明了一条“互联网 +”的转型之路。

我看重众筹对于创业的价值，更看重它对于企业转型升级的巨大而现实的作用；对于中国庞大的世界级产能储备，“创意设计 + 众筹”是中国传统企业转型升级的最佳途径。

洛可可是中国工业设计领域的骄傲，2017 年会成为世界范围内的中国传奇。因为，2017 年洛可可公司 800 人的设计师队伍，将成为世界上最庞大的一支专业队伍。董事长贾伟专业设计与商业能力俱佳，只花了十年时间，就将洛可可发展成为目前中国最大的工业设计集团，其在业内取得巨大声誉的 55 度杯，也是于 2014 年 12 月在苏宁众筹进行众筹并取得了成功。之后，洛可可将业务延伸到完成设计后再推动众筹，并将设计费与众筹金额挂钩，博乐宝就是洛可可小试牛刀的第一个作品。

如果说，苹果是全球第一家由设计师驱动的世界级企业，并开启了设计师引领世界商业的新时代，那么，我们完全有理由对于洛可可的未来，给予更多、更大的期待。

（四）京东联手远洋推出房产众筹

在2014年电商激战“双11”之时，远洋地产联手京东金融推出“11元筹1.1折房”项目。京东金融相关负责人称，参与该活动的用户达到了18万人。远洋方面给出的数字是，筹资金额超过了1220万元，刷新了当时国内实物众筹行业纪录。

据中国电子商务研究中心（100ec.cn）监测数据显示，截至2014年12月1日上午10点活动结束，京东金融与远洋地产携手从11月11日发起的房产众筹项目从第一波的11元众筹1.1折房，到第二波的5000元众筹独家折扣房等，两波活动总计吸引了近20万人次参与，筹资金额超过了2200万元，涉及的房屋总价值超过25亿元。

对京东而言，利用和远洋一起做的房产众筹活动不仅为了获得更多用户，更为了培养用户对股权众筹的接受度，利用众筹买房过渡到股权众筹，此次活动的成功给京东众筹带来了近20万用户。对于供应链金融略占下风的京东而言，在国家明确支持股权众筹后，京东金融提出发展计划，无疑是希望在股权众筹领域走在前列，有效带动自身互联网金融的发展。

对远洋而言，在严峻的房地产形势下，借助互联网平台营销已经成为房企的新选择。而房宝宝、搜房、平安好房又给房产众筹开了个好头，房产和互联网的碰撞必然会迸发火花，这点在2014年12月远洋的销售数据上得到了很好的体现。

［**作者解读**］

就整体而言，中国的房产价格居世界第一，是绝对没有异议的。而作为互联网金融 2.0 的众筹，如果不在中国房地产行业中有所作为的话，那也是绝对说不过去的。作为央企的远洋地产，自然也看到了这一点。

从 2014 年 11 月 11 日到 2014 年 12 月 1 日，仅仅 20 天的时间，远洋房产在京东上的众筹，吸引了近 20 万人的支持参与，筹资 2200 万元，同时大幅度带动了远洋地产 2014 年 12 月的销售。

这是何等好的效果！相当于 20 万人出了自己的 2200 万元的钱，向至少 200 万人进行传播，帮远洋做了个大大的广告。

（五）小 K 智能插座

2015 年 4 月 28 日，39 元的小 K 智能插座在淘宝众筹上线仅 46 天，就实现了超过 35 万人参与、获 2100 万元众筹金额的好成绩，成为当时众筹参与人数最多和众筹金额最高的项目。小 K 智能插座有“远程控制、定时延时、充电保护”功能，其 MiNiPro 款还增加了“红外遥控”功能，加之茶色有机玻璃罩与镜面抛光底盒的创新设计，小 K 智能插座赢得了年轻群体的喜爱。

[作者解读]

淘宝，还是淘宝，35 万人参与、2100 万元的众筹金额，众筹金额与支持人数的双料冠军，当之无愧地花落淘宝。

多么精妙的众筹方案，产品功能、独特体验、视觉冲击、平民价格，几乎可以人手一个的巨大市场需求。插座，如此简单而低价的产品，也能有如此杰出的表现，完全是创意设计驱动的结果。

中国世界级工厂庞大产能的消化与转型，最佳方法莫过于“创意设计 + 众筹”。

（六）《周鸿祎自述：我的互联网方法论》出版众筹

2014 年 7 月 10 日，360 公司董事长兼 CEO 周鸿祎在京东众筹发布了自己的著作《周鸿祎自述：我的互联网方法论》，参与众筹的读者不仅能第一时间获得新书，还能获得与周鸿祎当面交流的机会。

周鸿祎通过微博表示：希望通过众筹邀请志同道合的朋友，面对面一起开拓互联网思维，畅谈如何迎接互联网的挑战。项目众筹结束，众筹金额已达 160 万元，打破了当时京东出版物众筹的最高纪录，也刷新了单项目点赞和关注人数的最高纪录。

[作者解读]

周鸿祎是个互联网老兵，是与 BAT 创始人同时期的创业者。应该讲，他所主打的业务，除了最早的 3721 中文搜索之外，其他都谈不上是主流，更没有取得如 BAT 那样在各自地盘上的垄断地位。但这个不足却反而逼得他不断寻求自我突破与创新，无论业务种类，还是业务开展的方式，众筹就是他业务开展中频繁使用的一种创新方法：第一次是 2014 年出版这本书，第二次是 2015 年发布奇酷手机。在第一批互联网大佬中，周鸿祎是以众筹开展业务的第一人。

（七）Citycoco 智能电动滑板车

2015 年 8 月 10 日，阿里巴巴、苏宁两大线上、线下零售行业巨头宣布达成全面战略合作，阿里巴巴斥资约 283 亿元入股苏宁云商，成为其第二大股东。在这一电商携手盛事中，塞夫科技 Citycoco 智能电动滑板车的成功众筹，被特意提及，成为苏宁互联网金融的一个经典案例。

Citycoco 智能电动滑板车具有一体式车架和 9.5 英寸的超宽轮胎，一反传统设计的沉重，轻便简约，酷感十足；电池循环充电可达 1500 次，使用寿命至少 5 年；刷车大师 App 首次将智能化引入电动滑板车，像刷机一样刷车，玩出自己的个性来。

Citycoco 智能电动滑板车的众筹成绩，也的确对得起苏宁的看重。8 月 11 日，众筹金额突破 5000 万元大关，达到 5107 万元，远超之前确定的

2000 万元目标。

[作者解读]

南京的苏宁和重庆的银钢，一个长江之头，一个长江之尾，一个做零售，一个做摩托，都是十分传统的企业。苏宁似乎也不卖摩托，除了位于重庆的分公司与银钢做了邻居之外，它们似乎并没有什么交集。

相比较京东和淘宝天然的互联网基因和浓郁的互联网气息而言，在“互联网 +”路上狂奔的苏宁总是让人感觉少点什么，旗下的 1700 家直营店也似乎一直被认为既是苏宁发展的最核心基础，也是转型的最大障碍；而在苏宁众筹的棋盘上，1700 家直营店却可能是一个让人不能再忽略的核心优势了，而且是所有众筹平台中优势最大的一个。

5107 万元，这个数字位列 2015 年度中国众筹金额榜单的榜眼之席，其可圈可点之处，大致有两点：

第一，苏宁开放了全国 80 多家位置最好的门店，让消费者体验 Citycoco 智能电动滑板车，为之后的众筹做预热。同时，对于已经众筹成功的创新产品，苏宁也开放了“精品返售”的专门通道，并逐渐走出了业内独有的 O2O 之路，这条路会有望成为苏宁众筹最通顺的成功之路。

第二，银钢通过 Citycoco 智能电动滑板车的成功众筹，为自身传统产业的转型找到了一条收益很大、风险极低的道路。一个产品盘活一家企业，董事长武良前以设计驱动型的创新公司赛夫科技的成功来鼓励员工，继续构思创新产品众筹，为银钢寻找可以继续转型升级的发展方向。

（八）猫王 2 收音机

在最近这些年，传统电台的收听率有所下降，网络音乐、网络电台和网络播客的兴起，极大地丰富了广播节目的内容，扩大了听众的听觉范围。这些节目为人们准备了听觉盛宴，听众如果还使用传统收音机就会受到较大的限制。于是，我想应该给传统收音机增加丰富的无线网络内容，让美丽的世界变得触手可及。经过这样

“现代化”改造的收音机就成为今天的“猫王”。因此，猫王是我对收音机之梦的实践和延伸，也是让大众消费得起的性价比最高的全功能收音机。

——曾德钧

在2015年初的京东年会上，刘强东提到了一台得益于众筹的收音机——猫王2收音机。按照过去的定价模式，超过3000元的收音机一定是卖不动的，同时想买有网络收音功能的收音机的人，即使花5000元也是买不到的，因为能生产此类收音机的厂家则害怕没有市场需求而不敢生产。而众筹在一夜之间给创业者生产资金和客户，使收音机爱好者可以买到梦寐以求的产品。

2015年3月，猫王2收音机在京东众筹正式上线，计划生产的1000台在8天时间内全部被抢完，京东通知超出的63个订单的用户退款，不满随之而来，“京东怎么能退款？”曾德钧只好在原基础上追加了800台，最终众筹结果定格在358万元，超募2000%。6月18日，京东618大促又追加的618台机器同样迅速售罄。

在猫王收音机诞生的10年时间里，通过口口相传、发烧友论坛等传统渠道的传播，买到这台机器的不过2000多人。而众筹42天再加上京东618促销，通过众筹，43天的销量几乎实现了过去10年销售总和。

从荒岛电台、音乐天堂到猫王、猫王2，曾德钧完成了十几次成功的众筹，而且众筹的金额越来越高，影响也越来越大，这就是一次次迭代、日臻完善的过程，同时每次迭代都是通过众筹来完成的，试错成本最低！

2014年12月，曾德钧的企业云动创想已获得来自京东、华登国际和腾讯Free管理基金的A轮投资，估值1亿元人民币。

猫王还要再做些什么呢？

2016年5月12日，猫王小王子音箱上线京东众筹，轻松众筹8000余台，金额306万元。猫王小王子音箱将网络电台和传统广播兼收并蓄，尺寸更小，价格更便宜，外形更多元化，具有更多的应用场景，更适合做定制礼品，更适合产生跨界的连接。

这意味着猫王未来更大的成长空间，值得我们期待！

[作者解读]

猫王收音机，有点像上天的礼物！

50后的创客曾德钧和收音机，几乎是我能在中国众筹界看到的年代最久远的人和物了，但是这两者的结合，同样可以创造众筹奇迹。我们从中可以看到三点启示：

• 年龄与创造力无关；

• 众筹是可以多次进行、持续发展的；

• 通过成功众筹，确立产品、商业模式、团队、行业资源等企业要素，可以最直观地证明公司的投资价值，从而打通资本市场的融资管道。

（九）电影《大圣归来》

“你去看《大圣归来》了吗？”成了2015年夏天最火的一句问候语。这个夏天，一个长脸猴的故事使我们记忆深刻，同样深刻的还有《大圣归来》所创造的国产动漫电影的奇迹。

这个奇迹有很多个标签：上映3天票房过亿，上映15天打破中国动画电影的票房纪录。8月6日，《大圣归来》的官方微博宣布上映时间延期至9月9日，奇迹还在延续。“众人拾柴火焰高”，89位众筹人780万元众筹资金的投入，创造了本息超过3000万元的回报。

《大圣归来》的众筹并没有在较为正式的众筹平台上推出，但却在真正意义上为大众投资者打开了大门。出品人在微信朋友圈发布了众筹信息，众筹对象主要是对出品人较为熟悉的人群。天使汇创始人兰宁羽指出：“参与《大圣归来》众筹的投资人主要有三类：金融圈的朋友、上市公司的朋友和电影圈的伙伴。是出品人靠朋友圈的个人号召力集结起来的投资，正是这些‘朋友投资人’为《大圣归来》的前期宣传和首周票房贡献了巨大力量。”

[作者解读]

大圣归来，众神归位！

作为国产动画片划时代的作品，《大圣归来》的股权众筹投资被解读得已经很充分了，我这里只点评它的衍生产品的众筹。

洛可可与《大圣归来》的出品人率先签下了在6年内开发100款衍生产品的合作协议，抢得先机。目前已经有手机套、自拍神器、移动电源等“大圣”元素浓郁的产品登陆京东众筹。

股权众筹、创意设计、衍生品，一系列组合拳，浑然天成，恐怕是《大圣归来》给予中国的动画片行业的最大礼赞。

（十）小牛智能电动踏板车N1

2015年6月1日，李一男所创办的牛电科技在北京发布了旗下首款产品——小牛智能电动踏板车N1，分为城市版和动力版两个型号，分别有80公里和100公里的续航里程。

小牛智能电动踏板车N1于2015年6月15日在京东启动首发，15天内筹集16000多个订单，合7202万人民币，9月20日完成首批订单的发货，公司规模也从10人扩展到了200人，京东众筹史上最成功案例也随之诞生。9月23日，小牛智能电动踏板车N1试驾品鉴会上，介绍了与京东物流的合作方案，京东物流为小牛量身定制的仓储物流，提供了在库储存、“最后1公里”配送、上门安装换新取件等服务，全面提升了消费者购物体验，助力小牛完美履约交付。

2016年4月27日，上线的小牛电动车M1系列产品众筹项目在京东众筹收官，以 8176 万元总筹资额，再次刷新了全国产品众筹总额之最，同时也超越了 2015 年自己创造的 7202 万元纪录。

［作者解读］

小牛牛吗？果然牛！

小牛有理由牛吗？当然，15 天 7202 万元的众筹金额，至少在短时间内，是很难超越的一个高峰。那么它带来了哪些启发呢？

第一，众筹项目本身。产品的功能性、体验性、社交性，新商业时代的产品设计三原则，均有杰出体现。

新产品使用了特斯拉电动汽车使用的松下 18650 锂电池电芯和电池管理系统（BMS），重量只有普通电池的 1/4，而续航能力达到了国内第一的 100 公里。这款车的主要零部件均装有传感器，骑行者可以用手机 App 查看实时位置、行车轨迹和进行报警推送等。

第二，一个“外行”如何通过众筹走出第一步，也是最重要的第一步，继而配合巨额的融资（近 5000 万美元），彻底成为电动车行业的搅局者、“互联网 + 电动车”行业拐点处的引领者。

小牛创始人李一男曾作为“追风少年”和“技术天才”，一度被认为是任正非接班人，26 岁就贵为华为常务副总裁，他为何把第二次创业落脚点放在这样一个挺“土”、目前主流客户是“农民工”和“老阿姨”的行业上，他到底对这个行业有什么企图心呢？

目前，国内电动车的老大是雅迪，年收入 60 亿元左右，利润 3 亿～4 亿元，10 倍估值，市值 30 亿元左右；而小牛已经融资 5000 万美元，按 30% 的股比计算，市值 1.5 亿美元，合 10 亿元人民币。两者已经相差不算很大了，小牛已经完全具备了颠覆这个行业的势能。对于电动车行业的两大命门：85% 的铅酸电池和智能化，李一男已经洞若观火！

在美国并购盛行的 20 世纪 80 年代，有一本名为《门口的野蛮人》的书同样大行其道，这本书讲的是 RJR 纳贝斯克公司以 250 亿美元的价格，被并购基金 KKR 收入囊中的经典商战案例。

对于电动车产品与行业而言，李一男无疑还是个新人，但是他熟悉的是产业布局、爆品设计、互联网思维、社群建设、商业模式创新、资本市场、分享式传播以及大数据等，这种“降维打击”，何人能挡？

互联网对于传统行业具有颠覆性的影响与后果，在电动车行业，李一男就是一个十分现实而凛冽的“野蛮人”，那个巨大的黑影，就在门口！

二、中国众筹发展前瞻

从2011年“点名时间”上线开始，中国众筹平台进入了“野蛮生长”的时代，而群体发力则是在2014年。据盈灿咨询发布的《2016中国众筹行业年报》透露，2016年度中国众筹行业总体情况如下：

- 正常运营的众筹平台总计427家，全年倒闭、转型及其他（跑路、提现困难以及众筹板块下架等）平台达293家；
- 众筹新增项目73380个；
- 众筹成功筹资224.78亿元；
- 众筹投资人次达10954.67万人次；
- 在众筹平台成功项目筹资金额的地区分布上，北京、广东和山东位列前三，成功筹资金额分别达68.65亿元、38.23亿元和34.95亿元；
- 12家众筹平台获得风投，分别是聚募、众筹客、兴发米、星筹网、维C理财、汇梦公社、影大人、轻松筹、京北众筹、开始众筹、多彩投和一米好地，其中开始众筹2016年完成2轮融资。

那么，在2017年，我们对于中国主流众筹平台的发展，又有怎样的期待呢？

（一）模式的迭代与优化

世界上众筹平台排名前两位的是美国的Kickstarter和Indiegogo，这两个网站在运营模式上有许多不同：

Kickstarter与Indiegogo分别成立于2009年和2007年。后者所完成的项目数量是前者的1.3倍，根据The Verge对于公开数据的分析，Indiegogo平台上大约14万个项目的完成率（指达到或超出预期筹款目标）只有区区9.3%，作为对比，Kickstarter上的项目完成率则高达44%。

Kickstarter实行“刚性制度”，在规定时间未达到预期目标的时候必须把钱退还给支持者，收费也是刚性的一刀切5%；而Indiegogo实行“弹性制度”，也就是说，在未达到预期目标的情况下，项目发起者可以用众筹的钱继续进行其项目，只是在这种情况下，平台提取的手续费从4%提升到9%。

Kickstarter优先选择一些带创意的精品项目，而Indiegogo的项目范围则广泛得多，企业融资、个人生病医治融资都可以。

Kickstarter 对于项目的审查严格，只服务于美国、加拿大和英国；而 Indiegogo 则较为开放和灵活，服务于 200 多个国家。

所以，也有人把相对封闭、挑剔和只做精品的 Kickstarter 比作众筹领域的“苹果”，而 Indiegogo 则是来者不拒的“安卓”。

对标这两个世界一线众筹网站，分析其发展策略，国内众筹网站是完全可以做出自己的特色的。

（二）股权众筹真正上路

在创业实践中，被高度监管的项目，前景鲜有非常光明的，目前的股权众筹就是如此，这是第一个不利因素；第二，鉴于创业项目的“高危”特性，事实上，股权众筹是不太适合那些仅仅通过众筹平台，来了解初创项目的非专业的一般投资者的；第三，股权众筹与实物类众筹是很不相同的，**最大的区别是：实物回馈型主要还是源于鼓励尝试的情怀，但是股权众筹的重点则是财务回报；**这两种众筹的从业人员的行业背景也非常不同。目前，主流众筹平台从业人员的行业经验偏传媒类型的居多，离创业风险投资专业能力的要求距离不小。其实，世界一线众筹平台 Kickstarter 与 Indiegogo 也没有进入股权众筹领域。

那么，出路在哪里呢?

我认为可以组建领筹基金，以专业的眼光和经验来强化股权众筹网站的深度，深入产业投资特性，并将收取 3% 的手续费的商业模式，拓展为直接投资尚未开始众筹的企业股权的模式。众筹成功，VC 入局，领筹基金所持有的股权大幅增值后，溢价退出。

另外，我其实十分看好老股众筹，就是已经取得了稳定财务表现的企业向代理商、渠道商、行业资源拥有者、团队成员等特定人群，定向释放出一部分股权，从而构成更为紧密而健康的合作关系和生态圈。

（三）生态系统之路

与国外的所有众筹网站全部是独立网站不同，国内前三大众筹平台京东、淘宝、苏宁，均脱胎于庞大的电商母体。所以，这三大平台如何走出一条与母体水乳交融、共生共荣的创新之路，既是挑战，也是中国众筹网站的最大机遇。

京东 3C 电商的属性，正好暗合以“智能硬件”为最大品类的众筹的天然特性，其流量可能弱于淘宝，但购买力可能数倍于淘宝，它主攻“智能硬件”，同时可以提供从产品设计到众筹，再到后续电商销售、企业投资孵化等全过程服务。2016 年，京东如上的布局已经成型了。

淘宝一直服务于中国的大众网商，他们也是中国最广泛的创业者，众筹将淘宝与网商的关系，向前延展到各行各业的创业孵化上来。

作为中国最老牌的家电连锁企业，苏宁有 1700 家线下直营店，这是它最不同于京东和淘宝的优势，这个优势已经在众筹金额达 5107 万元的 Citycoco 电动滑板车项目上得到了验证，今后它有望走出一条 O2O 众筹之路。

第二部分

众筹双创模式的核心要素与实操方法

第四章　企业转型两大利器：资本与互联网+

如果你现在可以用“资本和互联网+”的新理念和新方法来进行双创，那么，你在未来2~3年实现的财富增长，有可能超过之前的15~20年。

- **核心问题**

我到底如何做，才有可能比以前实现更快速的增长？
我如何对我的公司重新定位？
我需要开拓一个新的领域吗？

- **标签**

资本价值模式
资本
互联网+

- **案例**

聚美优品
易趣

第一节　资本价值模式

我常年在中国和马来西亚考察并辅导各种创业项目，几乎每天都要研究许多项目，了解项目背后各种年龄、各种背景、各种行业、各种性格和各种肤色的老板，他们对公司或项目的描述，大致可以分为三种：

第一种，“财产型”思维：我的公司目前有多大的营业面积、多少厂房、雇用了多少员工。至于这些财产可以转化为多少收入和利润，“对不起，不知道！”这是典型的“土老财”！

第二种，有明晰的财务数据和“财务性”思维：我的公司目前年收入大约是多少，利润大约是多少。

第三种，“市值型”思维：我的公司目前估值是多少。这才是最理想的状态。三种一起讲，当然最好！

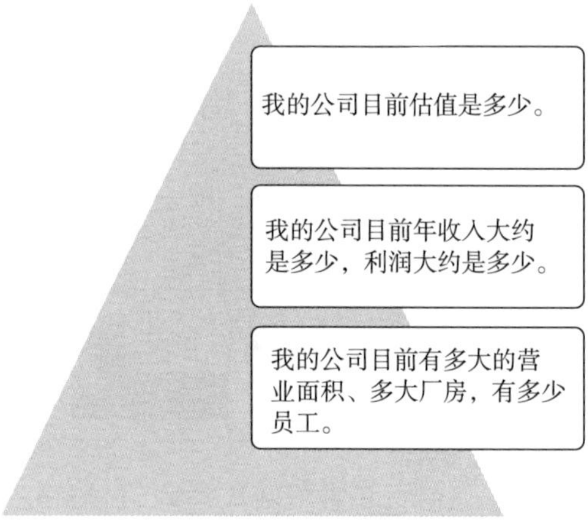

关于公司的三种描述

通过这三种不同描述，我们可以清楚地看到，老板们对于公司经营和财务的基本知识、最新投资知识的学习了解处在哪个阶段。

作为双创者，不论是首期创业的青年，还是二次转型的中年人，以前的做法无非是努力扩大收入，压低各种成本和费用，扩大现金利润，最后通过现金分红，收回投资。然而，如果公司没有利润，或者没有现金利润，就像2016年二季度之前的京东，从1989年6月18日开业以来，连续亏损了17年，股东怎么办呢？是否还有别的方法，可以收回投资，改善生活？

当然有，那就是股权增值、股权溢价！可以通过股权转让的方式，让股东收回投资！今日资本的徐新，作为京东的第一个机构投资人，2007年以来，累计投资京东1800万美元，京东上市后，其账面价值28亿美元，投资回报率近150倍，京东因此成为今日资本最赚钱的投资项目。而实现这一收益的前提，是投资的项目或企业，必须具有**“资本价值模式”**。

资本价值模式的八大基因：

（1）在2~3年内，有望成为细分领域前三名；

（2）产品或服务具有刚性、黏性的强需求特征；

（3）目标客户明确；

（4）种子用户之外，具有海量用户基础；

（5）具有对系统的强复制性，轻依赖人工干预；

（6）具有易于连接和裂变的社交属性；

（7）团队产品设计和规划能力突出；

（8）通过某个拐点后，有望出现爆炸性增长。

“资本价值模式”可以给企业带来的好处：

（1）在早期的、熟悉的单个股东投资之外，初创企业可以容易对接到陌生的专业投资机构，使企业多一条融资的途径。

（2）股东可以通过股权溢价后出让股权的方式收回投资、获得收益，在传统的现金分红之外，多一条出路！以这样新的方式二次创业，有可能在2~3年内就收回投资，远快于首次创业的15~20年。

2016年8月10日，京东发布2016年第二季度的数据，按照非美国通用会计准则，京东二季度经营利润3.914亿元人民币，这是其首次盈利，京东终于守得云开见月明！

这也验证了“资本价值模式”和“资本价值”的正确性。

所以，无论你的双创项目是什么，项目开始前，一定要具有强烈的“资本价值模式”意识，尽量早地在项目中设计出“资本价值模式”，植入“资本价值”的基因。

当然，上述建议主要是给二次创业的传统型企业家的。新生代的80后、90后天然具有这样的思维和方法。我们的创二代财富积累的速度有望在2~3年超过他们的父辈。

第二节 资本和互联网+

一、首创“限时特价”模式的聚美优品

2016年春节前后，国内投资圈在流传一个词“陈七块”，如同先前的“褚橙”“柳桃”，还有后来的“潘苹果”一样，这个词也是具有特定的人物指向和特定意思的。只是与前面的“褚橙柳桃潘苹果”传递的“励志”和“品牌人格化”等正能量的信息相比，“陈七块”却多少含有贬义和嘲讽。

2014年5月16日，陈欧携聚美优品，在美国纽约交易所上市，他本人成为纽交所220余年历史上最年轻的上市公司CEO，其所持股份市值超过11亿美元，那年他31岁，多少也是属于创业青年中的青葱时代。从2009年回国创业，到2014年聚美优品美国上市，再到2016年聚美优品私有化，时间真短，速度真快！陈欧对于财富的想象力，提升得更快。

不管在“私有化”过程中，陈欧遭到了创投界多少的质疑声，但是，我们今天来回顾陈欧的创业故事，实在不能不说，这又是一个多么独特的创业故事，除了陈欧这个敢“为自己代言”的创始人之外，还有背后那两股神奇力量的魔力：资本和互联网。

其实，陈欧新加坡本科毕业，斯坦福MBA肄业，这样的学历并不突出，他的从业经历乃至创业经历同样不突出，甚至饱含争议，但是他能取得这样的成功，包括获得徐小平和红杉的注资，直至后来开创“最年轻上市公司CEO”的历史纪录，最重要的一点就是，他在中国发现了“低价购买品牌化妆品”的强需求，首创**“限时特价”**这一独特的商业模式。

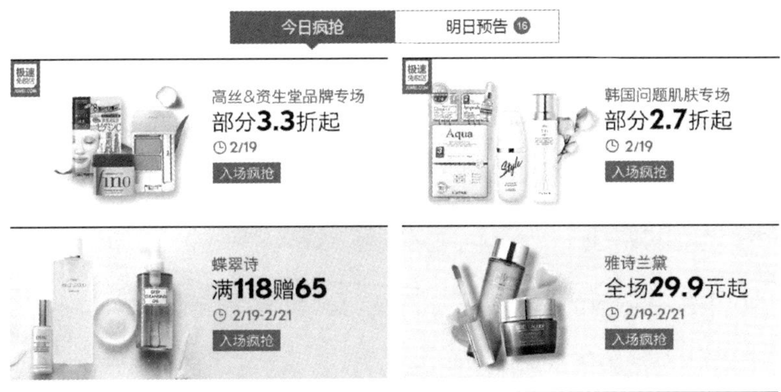

聚美优品“限时特价”页面

（一）女性低价购买品牌化妆品的强需求

第一，女性护肤品一定要用品牌的，否则不足以体现品位，不足以达到护肤美颜的目的，这是公理，不必赘述。

第二，女性买护肤品，除了品牌之外，一定要低价打折，否则不足以体现其智慧（不能让不良商人挣太多的钱！），这也是公理，也不必赘述。

需求明确，而且是强需求，如何解决这个痛点呢？而且，还有第二个问题，它也是目前所有创业者要面对的问题，那就是淘宝已经很大了，化妆品也是其最主要的品类之一，淘宝巨大的身影下还有投射阳光的空隙吗？

（二）“限时特价”模式

陈欧发现了一个小小的秘密，无论是什么品牌，一年当中总有几天是打折的，而且是非常低的折扣，如0.5折、1折等。如今，连从不打折的LV，也给广大的中国女性派送了这个独家福利。其实，这也是路人皆知的秘密，包括你我！

陈欧并没有止步于此，他进一步联想到，可以把这些本来零散的打折机会，放在一起，做一个以“限时特价”为最大特色的网站，使得客户一旦登入“聚美优品”官网后，每天都可以看到自己心仪的品牌在每年某几天的特价商品，“天哪，没看错吧?!”揉揉眼睛，心跳加速，血脉贲张，瞬间秒杀——“终于等到你！”

这是个很小的入口，但是，足够锐利！足够通畅！足够让陈欧借此进入庞大的化妆品市场，足可以孵化一个创新企业和一项世界纪录。

"限时特价"的商业模式＋资本＋互联网＝聚美优品

一一对照我们前面总结的"资本价值模式"中八大基因，几乎全部都吻合。这样的项目，不成功也难！

二、淘宝之前的易趣

1999年，易趣网的创始人邵亦波从哈佛商学院毕业后，回到上海，准备参考Ebay的模式，在上海创立中国第一个C2C电子商务平台，他找了IDG谈投资，合伙人王功权去上海和他见面。

功权回到北京后，我们聊天，功权说，邵亦波刚刚从哈佛毕业，他是数学神童兼学霸，有满腹经纶的商学院知识，但却没有从商经验，甚至我们常说的工作经验也是比较匮乏的。他如何创业，如何成功呢？也就是说，邵亦波几乎没有在中国市场环境下赖以生存和发展的线下资源。

但是，最终IDG投资了易趣，邵亦波也成为21世纪初最早成功的创业神童，只是他很不幸地遇到了马云，最后终结了他的创业明星之路。当然，这是"续集"里面的故事了。

邵亦波的故事也同样说明，对于双创企业而言，资本和互联网是在通常理解的体制资源外的两支独立的力量，助力众多的双创企业"野蛮生长"。它们值得双创企业信赖！双创企业也必须信赖它们。

第五章　社群建设：奠定众筹的主体

互联网对于传统行业的渗透和改变的核心所在，是从前20年的“物以类聚”——着眼点在产品，发挥的是互联网海量的信息聚合和发布功能，这样，诞生了淘宝、京东、携程等，演变到现在乃至后20年的“人以群分”——着眼点在客户这一端，发挥的是互联网高效的信息甄别和维护功能，这样，诞生了微信、小米、罗辑思维、开始众筹等。

社群既是新一代商业的源点，也是众筹的主体。社群经济，是众筹的核心动力，也是起点。

- **核心问题**

如何用社群的方式，来发现早期种子用户？

除了以前的客户关系管理系统（CRM）之外，我们如何更好地经营已有的客户关系？

- **标签**

价值主张

C2B

参与感

回归线下的O2O

- **案例**

江小白

吴晓波千岛湖杨梅树领养

小米

景致家

第一节　大旗般猎猎飞扬的价值主张——江小白

一、“1000个粉丝理论”与粉丝经济

社群在中国的出现，并作为一种商业思潮和模式大行其道，也就是2014年前后的事。

全球范围内，这种思潮的起源和实践，被最著名的互联网预言家凯文·凯利（KK）总结为“1000个粉丝理论”：创作者如艺术家、音乐家、摄影师、工匠、演员、动画师、设计师、视频制作者或者图书作者，只需拥有1000名铁杆粉丝便能糊口。如果我们以更开阔的心境和视野，来体会和思考这个理论的话，下面的结论就呼之欲出了：

任何一门生意，如果有1000个粉丝（死忠用户），便能糊口。

下一个问题的核心难点就集中在如何设计产品和服务，使之具有最大的创意，使得粉丝愿意先付钱，无论是作为消费还是投资，或两者兼具的消费性投资。

只要这个问题可以解决，“1000个粉丝理论”就可以作为创新而现实的商业思维，渗透任何商业领域，并带来完全意想不到、喜出望外的结果。

举个例子，小米用户算是粉丝吗？当然，绝对是！

小米和它的粉丝

尽管小米在2016年的出货量已经下降为中国手机市场第5位，也许今后可能会更加风雨飘摇。但是，我一直认为，雷军对于中国商业最大的贡献，就是彻底颠覆了我们对于“客户”的定义——客户不再是上帝，客户不只是朋友，客户是粉丝！不管你好坏，粉丝都会玩命捍卫你！并以小米5年的极速成长，践行了这一定义。

同时，说起中国响当当的粉丝与社群，大家都会脱口而出几个如雷贯耳的名字：罗辑思维、吴晓波频道、正和岛……但是，要是我被问及这个问题的话，我心目中印象最深刻的社群品牌（没有之一），它就是——江小白。

江小白的社群经济，触发了中国2000年以来白酒行业的最大变局。

二、2000年以来白酒行业的最大变局

我曾多次在公开的上百人的场合提问：“现场有知道江小白的朋友请举手”，但回应者寥寥，也就是说至少95%的人并不知道“江小白”。

然而，这重要吗？不重要！因为我所提问的场合里60后、70后居多，他们绝大部分都不是江小白的目标客户，更谈不上是粉丝了。

和谷米一样，白酒在我国差不多也有2000多年历史了。历史如此悠久，白酒酿出的除了绵长浓烈的酒香和集体记忆之外，自然还有几个响当当的中国品牌：茅台、五粮液、泸州老窖等。

传统白酒的“历史悠久”和“皇家气派”

这样的传统之绵长、之悠久，带来了2000年的商业成功，这样的商业成功反过来又持续强化，直至固化了“历史悠久”“皇家气派”等主题诉求，以至于在白酒广告中出现最多的，就是华表、石狮子一类的“历史悠久”和“皇家气派”的形象，几乎无一例外，让你高山仰止，脖子发酸。这样的“皇家”主题，在市场中是如此强有力和深入人心，以至于连“北京二锅头”这样原本最有市井小民气质的“小二”，也要贴上“皇家京都”这样的标签。

二锅头，也是“历史悠久”，也是“皇家气派”

让我们把眼光越过这些白酒大佬，投射到白酒产业的另外一端，投射到四川、重庆、江西、贵州、湖南这些地方，在长江沿岸，小酒厂遍地，每家有自己的一群客户，有自己的一亩三分地，它们如同打不死的小强一样野蛮生长。

在白酒行业的这一高一低的两端之间，还有新的出路、新的生机吗？白酒还可能在这些特点、卖点和诉求之外，产生新的可能性吗？还有可能打开一个崭新的细分市场吗？

这些问题在2011年有了答案，因为那年，“江小白”横空出世了，“江小白之父”叫陶石泉。

陶石泉，1980年10月10日生人，是个不折不扣的80后。

“江小白之父”陶石泉

三、陶石泉与“江小白”

2011年下半年，陶石泉创立“江小白”——定位于新青年群体的青春型小酒品牌；

2012年3月，陶石泉携“江小白”品牌产品，首次现身全国糖酒交易会（他只是去了这一次，以后再也不会去了）；

2012年12月21日，陶石泉主导组织了以“酒后真言”为主题的青年消费者聚会，形成江小白“约酒大会”雏形。

“江小白”的市场定位形象鲜明，而且，全是跟白酒大佬们“对着干”：

你们说老历史、老品牌，我们就是年轻、个性、青春、活力；

你们讲高大上，代表身份、地位和财富，我们就是代表年轻人的反叛不羁，甚至平民文化。

陶石泉对于传统的叛逆和弃绝之坚决，可以想象的到，“江小白”横空出世的崭新形象与“导弹定点清除式”的精准打法，一定是脱胎或脱稿于他之前面呈东家但是被否的某份项目建议书。每一条语录丝丝入扣，每一幅照片刀刀见血！痛点抓得如此准，酒后真言如此深入人心，就好像反复锤炼过的，反复做过沙盘演练。

浪漫、叛逆、才情、文艺范儿，除了这些大家容易看得到、看得懂的特质，陶石泉还有大家可能看不到的优点——冷静、充满自信、悠然自得、逻辑性超强等。他是个不世出的营销天才！

四、“江小白”的盖世武功

（一）独创而明确的定位

产品定位为年轻、个性、青春、活力的青春小酒，以80后、90后为主要消费人群，这是一个前所未有的白酒新品类。

尽管年轻人也喝白酒，但是他们从未成为白酒市场的主流消费人群，白酒行业中，也从未明确出现过将年轻人群体作为客户定位的先例。所以，只要愿意明确地把他们作为主流客群，由于年轻人具有独特的青春气质，商家很容易就能将之与现有的混沌的白酒市场相区分，从而形成一个崭新的新市场，如同可乐中的百事可乐一样。但是，敢“舍”吗？敢舍，才会得！

“弱水三千，我只取一瓢”，更何况，尽管这“一瓢”只占“三千”的10%～15%，但一年也有500亿元的营业额啊！

在白酒行业中挖掘年轻人的“小众强需求”，这既是因，也是果，既是目的，也是手段！这是从供给过剩市场的“大众弱关系”中，非常有效的突围策略！就如同淘宝“阴影”中崛起的聚美优品，苹果、三星“垄断”下突围的小米……

“江小白”自从开始深耕年轻人市场，定位从未偏移，敢于偏安一隅，不做主流，守望自己的一方乐土，怡然自得。

（二）基于“场景化”而精心设计的整体营销体系

2015年7月，吴声的《场景革命》一书出版，首次系统地提出了“场景化消费”的主张及其“理论体系”框架和要点；而江小白则是国内第一批凭直觉和洞察开始实践这一理论的先行者。

“江津老白干”的产品形象

1. 产品设计

这是江小白的爹“江老白”，在淘宝上的“江津老白干”，长的是这个样子的，只卖9.8元。

而“江小白”长的是这个样子的！拟人化的形象、文艺范儿十足、很清新吧?!这是2000多年以来，中国白酒行业中，从未有过的新形象！

小白鸡尾酒是江小白深刻捕捉客户心理的又一个杰作！陶石泉一定深入研究过对标的产品“RIO”，混搭、跨界，依然紧扣市场热点，持续扩大消费场合和人群。最为有趣的是，江小白+红牛取名“小白放牛”，江小白+牛奶取名“白富美”。

江小白的产品形象

2. 消费场景的设计和“酒后真言”语录体

尽管没有确切的统计，但是可以想象，我们所有人喝白酒的理由，大致如下：

聚会、饭局、牵手、分手、订婚、结婚、离婚、入职、离职、挨批、签了合同、加薪、升职、节日、纪念日、生日、毕业日、毕业周年庆、外出游玩、购物……

大致统计，无外乎这20多个理由，构成了20多个消费场景。

在这20多个消费场景中，我们喝的不是酒，喝的是高兴、兴奋、激动、气馁、颓唐、愤怒、嫉妒、失望、寂寞、绝望、茫然、负面、紧张等情绪，喝的是我们在日常生活中的真实感受和共鸣！也许不那么积极向上，然而却是最为真实的。

不同于以前对产品性能和体验的抽象描述，场景化设计就是把消费产品后的感受和体验，明确而形象地在消费之前直接告诉消费者，从而最大限度地激发消费者对于消费的愿望，进而高效率地完成购买。

人生不如意十之八九，江小白可能是全中国最照顾你情绪的酒了！它，最懂你！

基于不同的消费场景，江小白设计了“酒后真言”语录体，它是我见过的最精彩的文案：

每个吃货都有一个勤奋的胃和一张劳模的嘴。

吃着火锅唱着歌，喝着小白划着拳，我是文艺小青年！

容颜易老，青春会跑，一瓶江小白就倒，还叹红颜知己太少！

我把所有的人都喝趴下，只是为了和你说句悄悄话！

青春不朽，喝杯小酒！

……

“江小白”的销售逻辑和实施方式就是，每天走心美文一篇，描写一个让你为之所动的场景，瞬间秒杀当天正好处于这个场景下的一批人，情绪需要安顿，灵魂需要抚慰！马上约酒，马上采购，马上消费！打开手机，瞬间全部搞定！

小白系列鸡尾酒

3. 推广同城约酒活动

尽管定位精确、文案动人，但是只有微信端的粉丝线上活动，是构不成有生命力的社群的，强大的社群需要“一致行动”。于是，江小白推出了“同城约酒”活动，这是“江小白”最主要的线下推广方式，这个活动深得场景化的设计精髓。

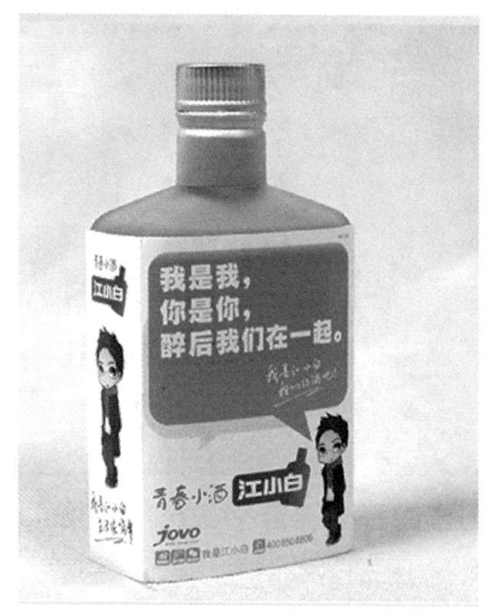

“酒后真言”语录体——江小白精彩文案

江小白营销部门的员工，每天上班的第一件事，是马上去看今天发生什么大事，寻找切合时事的最佳营销传播点。

江小白营销团队员工配比是1∶1，一个负责市场营销，另一个负责内容，每个节点都是传播源，内容制胜，同时强烈追求每一次推广活动之后的第二次传播效应，最大限度地谋求持续化的传播效果，实现高渗透率；一石一定要两鸟！

"约酒"这个营销手段，就是最全面集成所有要素的经营形式，所有元素全部集成，一次呈现。

江小白的同城约酒广告页面

江小白的成功在于，独特的产品力、"酒后真言"语录体、线上传播、落实在线下的某个具体的消费场景，还有每一次营销活动并不只是简单的推广，在场景化消费后，消费者在朋友圈的炫耀和分享，又带来第二次传播——

既是推广，也是消费；既是引流，也是交易；既是线上，也是线下；既是当下，也是未来！

2014年12月，"江小白"助力《匆匆那年》取得票房佳绩

4. "苍蝇馆子"的地推

去过成都多次的朋友，尤其是"在成都，不把自己当外人"的朋友，一定知道并去过一种很特别、很火的小馆子——"苍蝇馆子"。之所以有这样特别的绰号，是因为两个原因：第一，餐馆很小，三四张桌子而已；第二，餐馆内外，确实有许多苍蝇在飞，不是那么太干净；但是，餐馆的气氛很热烈，生意很红火。

江小白的地推是从成都的"苍蝇馆子"开始的，为什么？因为苍蝇馆子的顾客是与江小白的目标人群最为接近的，苍蝇馆子也是最容易激发顾客情绪、购买乃至劲爆体验的场景。

2015年国庆期间，我去了南昌，晚上朋友小聚，一进入朋友找的特色餐厅，我就乐了！因为，这也是一家"江小白"式典型的地推店。满眼全都是"江小白"语录，以及江小白那个有点白、有点萌的男生形象。

江小白地推的成都"苍蝇馆子"

而唯一的变化是，以前这些语录、商标和男生形象，是印在打火机、烟灰缸、启瓶器上的，而在这里则是被印在墙上贴的 WiFi 密码边上，每个顾客进入餐厅后，眼睛第一时间扫到的地方，就是这里！

从 2011 年成立到现在，江小白不变形、不走样、不越界，偏安一隅，不做主流，这是很不容易的，是需要定力，需要很强大的内心的。

脑到，心到，手到！既是认知的力量，也是策略的力量，更是组织的力量！

一切，只为你！

5. 江小白的产品升级

2016 年 3 月 21 日，江小白与许燎源当代艺术馆联合主办了“万物生长——江小白当代青年艺术家邀请展”。9 位中外青年抽象艺术家用独特的视角，不同的色彩表达着真实的世界，画面或忧郁，或热烈，或童年，或隐世，而这些抽象作品与提倡自由文艺情怀的江小白高度融合为酒标，一款全新的酒与色彩的跨界艺术品也由此展现在消费者面前，可能会成为中国白酒艺术化的另一个开端。

万物生长版“江小白”实现了产品升级，进一步向上推展客户区隔，进入中高端客户领域，提升产品售价。

“文艺青年，改变世界！”在陶石泉之后，在江小白之后，这句话就不再是一句口号了！

第二节　逆袭的 C2B——吴晓波千岛湖杨梅树认养计划

吴晓波被誉为“中国最出色的财经作家”，因为他开创了中国企业史研究和写作。他的声誉源于公司研究和财经写作，但并不止于此。

在房价持续上涨的十年里，他每年一套房（包括买岛）的置业计划和每年一本书的写作速度，使他进入中国最富有作家行列；他对于中国经济大势的宏观分析，直接指导了他的微观投资实践。

1999 年，吴晓波买下了千岛湖东南湖区的一个半岛，占地 120 亩。在岛上，他种植了 4000 株杨梅树，有孛芪、东魁两个品种，分别从宁波余姚和台州温岭引入，这里成了江南最大的杨梅树林之一。杨梅树从种下去，到成熟出果，需七到八年时间，十多年下来，能够产果的杨梅树约有 3000 余株。

一株成年的杨梅树，每年产果 50 斤到 200 斤。因为吴晓波拒绝在出果期间，向杨梅树喷洒化学催生药剂，所以，半岛上的杨梅产量比其他地方的要少，果体也大小不一，可是吃起来却会鲜甜一些，有江南的本来味道。

把鲜果酿成吴酒，是 2014 年以后的事情。2014 年 5 月，他创办了吴晓波频道。6 月底到了采摘杨梅的季节，杨梅成熟期很短，保质期更短，所以，吴晓波经常会想一个问题：如何最大限度地用好杨梅这种很灵性但又很脆弱的水果，而不浪费呢？按浙江当地的习俗，古方酿成杨梅酒，就是一个自然的选项。但是酿酒容易，怎么卖呢？庞大的经销商体系、复杂的价格体系……销售是首要问题，而吴晓波对此并不擅长。

吴晓波的千岛湖杨梅

好在有了互联网和自媒体，社群、渠道、品牌、支付的价值被全部重新评估和定义，即使作为一个商业尝试，杨梅酿酒和卖售突然之间变成了一件好玩且有趣的事。

小试牛刀，吴晓波尝试性地做了两次试验。

第一次是 2015 年的 5 月，吴晓波频道推出了酿制一年的 5000 瓶杨梅酒，结果，33 个小时售罄；

第二次是 2015 年的 10 月，吴晓波又设计了一款新年贺岁酒，3 天时间里，预订出 3. 3 万瓶，社群经济的新魔力绽放！

2016 年 6 月，又到了杨梅采摘的季节，社群经济的玩法也有了升级版；吴晓波索性拿出 1000 棵杨梅树来发起众筹。已经生长了 16 年的杨梅树，给大家2年的投资认养权益，而认养的过程就是分享吴酒投资的红利。

你投资1万元，在2年内将获得以下价值回报：

60套吴酒：你每年可以获得30套礼盒装吴酒，两年60套，市价1.194万元（如果你想出售这30套吴酒，没问题，我们将以8.5折无条件回购，你的收入为1.0149万元）；

新品尝鲜：未来两年里，我们将推出春夏秋冬的四季吴酒新品，你都可以免费优先品尝，这部分的价值是199元/瓶×8瓶=1592元；

课程现金券：你将获得2016—2017年度的吴晓波课程现金券2000元；

树主专享纪念品：我们将第一时间邮寄给你价值500元的树主专享纪念礼盒。

吴酒树主专享购买优惠：2年时间在吴酒铺子购买吴酒，独享8.5折尊贵树主特惠。

概括地说，如果你领走了60套吴酒，你的投资所得为1.6032万元，2年回报率超过60%；如果你把60套吴酒让我们替你卖掉，2年内你将得到1.0149万元的现金，再加上1592元的吴酒新品和2000元的课程券。

不到一个月时间，1000棵杨梅树的认养额度全部完成。

在我的周围，以茶树、桃树、橘子树、梨树等各种树做认养的众筹项目不少，但是能够达到吴晓波这样千万级收益的几乎没有。仔细分析，其最根本的成功秘诀就是：**将这个项目的“社交”属性发挥到了极致。**

“互联网+”的本质就是产品“社群化”。“社群化”的产品是否可以快速形成流行和实现销售的关键是，产品自身除了本来的功能属性之外，还一定要有强烈和鲜明的社交属性，在这点上，杨梅树众筹项目是很突出的：

第一，杨梅树上的果实酿成了杨梅酒，而酒是精神属性和社交属性最强烈的产品之一；

第二，吴酒以“吴晓波”个人命名，具有极其鲜明的个人印记和色彩，会在这个众筹项目及吴酒的流通过程中，带来持续不断的共同话题、共同认知和共同记忆；

第三，未来2年，春夏秋冬的四季吴酒新品，用户都可以免费优先品尝，这给了大家每季度一次亲密接触的良机；

第四，保底回购的安全保障；

第五，吴晓波本人的超高人气和吴晓波频道本身，还有他代运营的其他十个公众号，近1000万粉丝的活跃社群，是这个项目的基础；

第六，两次小试牛刀的成果，让吴晓波深切体会到了社群经济的魔力和魅力。

如此耀眼的杨梅树众筹项目，大家可以学习借鉴它吗？

每个项目都有独特性，每个产品都有稀缺性，每种服务都有价值点，每个灵魂都有自己的香气，每个人都有自己的粉丝，为什么不行呢？

深挖、深挖、再深挖！设计、设计、再设计！塑造、塑造、再塑造！

找到你的独特性，找到你的稀缺性，找到你对于用户的价值点，找到你可以给用户的极致体验！

吴晓波众筹了1000万元，你为什么不能众筹100万元呢？

微信公众号登陆平台上有句话振聋发聩：再小的个体，也有自己的品牌！

第三节　“我们是一伙”的参与感——小米

2016年夏天，基于对于小米的喜欢和欣赏，尤其是参与感的需要，我第一次成了小米的用户，买了两件小东西：小米盒子和移动电源。尽管产品还未开始使用，但是，我已经成为小米的粉丝，铁杆的，无可救药的！

只要不存“傲慢与偏见”，与小米的第一次接触，确实让你会有耳目一新的感觉！

第一，官网上的手机广告，都出自小米邀请的 ELLE 为名模摄影的摄影师之手；

第二，在官网上，你看到的一定是小米最希望你第一时间看到的；

第三，为了顺应 80 后、90 后米粉的阅读偏好，雷军甚至投资了一家专门做电子书的网站“多看”；

第四，有 80 后、90 后在座的任何场合，只要提起小米，一定会有人激动地述说他们和小米亲密接触的感受，血脉贲张，两眼放光！

可以说，在中国，小米是真正将“年轻的或新一代”用户奉为“衣食父母”，敬为“上帝”，并在产品设计、用户体验、营销、售后等各方面认真践行（起码初心如此）的第一家企业。

这个定位，是如此清晰和锐利，极其走心，瞬间秒杀很多品牌。小米在定位的同时，也占了位！

这是小米的策略，真正把心放在用户这边，你想要什么，我就做什么！所以，才会有除手机以外，如手机饰物、小米盒子、T 恤、耳机、肩背包等一系列的衍生产品，而这些也是小米的精到之处。

其实，2011 年雷军在近乎“红海”的手机市场中，挥舞“小米”大旗时，已经有苹果、三星等强敌环伺，生存空间和胜算都是相当小的，甚至不如中兴与华为。

如同当初“百事可乐”挑战“可口可乐”一样，定位于“新一代”（New Generation）的策略选择，既是被动的，也是主动的！唯有如此，这个极其聚焦、近乎“背水一战”的定位与策略，才真正点燃了年轻用户心中“发烧”的热情！

可以想象得到的是，一批又一批的年轻人，前赴后继地将他们对电子产品的“第一次”体验，献给了小米：第一个手机、第一个笔记本电脑、第一个平板电脑、第一个路由器、第一个移动电源、第一个电视盒子、第一个智能手环……

2014 年至今，我为“福布斯中文网”写过两篇题为“初识”的专栏文章，一个写作对象是冯唐；另一个就是小米。之所以用到“初识”两字，无非是想突出两点：第一，意义足够大；第二，相识足够晚。

我喜爱的冯唐有一句名言，满是豪气，“用文字打败时间！”对于雷军而言，就是“用极客精神打败时间”！

我曾经高度看好小米和它的灿烂前景，“天时、地利、人和”，样样不缺——

天时：移动互联网正好进入了成长的爆发期；

地利：微信的横空出世，为小米的“米粉经济”提供了最佳的传播和营销环境；

人和：雷军是个实业界老将，该受的和不该受的各种磨难，已经将他历练成为内心无比强大的悍将！同时，他保留了纤细、敏感、单纯的工程师之心。另外，雷军还是卓越、凡客等多个明星企业的成功投资者，人脉经营的火候和资源整合的分寸，他都能拿捏得恰到好处。

雷军正处在职业生涯各个要素匹配的黄金时段，敏锐度和厚重感正好，既是匕首，也是利斧！雄心和能力不多不少、年龄正好！经验正好！头顶上光环开始萦绕，气场也正好！

尽管对小米的质疑声不断，其实，仔细想来，其实不外乎集中在两个方面：

第一，雷军由“软”变“硬”，到底有没有问题？

第二，销量极速上升，量产推开之后，硬件供应链乃至服务体系到底是否跟得上？

“我们是一伙”，尽管小米的产品确实有瑕疵，我喜欢小米的优点，我还是小米的粉丝，还是会在众多的场合维护它！

第四节 更多回归线下的 O2O——景致家众筹

一、独创“社群店商”模式的景致家

2015 年初冬季节，我开始认真关心并研究社群的原理、规律和技巧。

我逐个研究了江湖上有点知名度的一些社群：罗辑思维、K 友汇、初心会、秦王会等。最后，让我深入研究的，是初心会和秦王会。

2016 年 8 月，在往返俄罗斯的班机上，我仔细读完了初心会创始人王挺所著的《反传统创业笔记》——这是一本更像“笔记”的书。

这本书不要传统出版和推广、不要大咖写序、不要赚稿费，王挺倡导反传统，一以贯之，写书也如此，有意而为之！客观地讲，尽管这本书粗糙，但还是蛮有料，也蛮有真情实感的！

作者与初心会创始人王挺

景致家是王挺和他的创业伙伴王栋在2014年创立的，乍一看，三头六臂，商业模式跨界得厉害，但是重点突出、内在逻辑一致，再加上他们两位都是专业培训师出身，思维敏捷，善于归纳和总结，同时又善于捕捉新热点，演讲技巧又好，所以，在黑马营一经推出时，就以2500万元的估值获得天使轮投资，旗开得胜！

景致家是轻时尚家居生活倡导者，是国内基于社群O2O的家居生活服务平台，独创“社群店商”的模式，以景致家居创意生活馆和景致家移动商城为载体，致力于为25~40岁追求简约而精致家居生活的女性，提供兼职、就业、创业及家居生活用品服务的一站式平台。

景致家产品以“简约、健康、轻时尚”为理念，现有3000余款、十大系列产品，涵盖景致女人、景致旅行、景致工作、景致厨房、景致灯具、景致家纺、景致装饰、景致卫浴、景致水杯、景致收纳等细分领域。

其中70%的产品由一线工厂直接产出，价格透明，砍掉交易信息不对称的中间环节，实现真正的高性价比，并且线上线下价格保持同步。另外30%的创意产品由景致家设计团队专注研发，所有设计灵感源自“回归自然，返璞归真”的主张。

二、社群店商Boss系统

社群店商Boss系统是景致家基于移动互联下实体店实操经验独创出的一套运营系统。它利用移动互联思维，实现了对连锁店面量身定制的O2O改造，通过社群运营体系、移动商城运营体系、店面运营体系，实现店面客流量的锁定、用户黏度的增加和成本结构的颠覆。

通过社群店商 Boss 系统，可以有效地解决店面现金流、客流、复购这三大商业痛点。店面实现了未开业成本百分之百收回，开业后 1 个月复合众筹熟练实践、2 个月线上线下打通、4 个月店面业绩翻 6 倍的综合效果。

社群店商 Boss 系统分别通过三大功能模块设计，解决了当下实体店面临的严峻问题：

一是“受众 + Boss + 消费商”下的社群驱动，实现超级客流；

二是“众筹 + 众创 + 社群”三者裂变，实现超级现金流；

三是“F2C + O2O + 会员制”三者裂变，实现超级盈利。

景致家 O2O 模式中的第一个“O”，是指每个合伙人可以获得景致家配备的价值 10000 元的移动商城，商城同步线下店面，移动商城与 PC 商城可一键复制，通过社群 O2O、线上推广带来用户，具备 24 小时服务与一件代发功能；第二个“O”，是指在经营过程中线下店面从设计到终端，直接把控，重点在于创意设计，全部贴牌生产，砍掉所有中间环节和设计品牌附加费用，保证线下与线上价格同步，并提供体验、展示、销售和区域化服务。

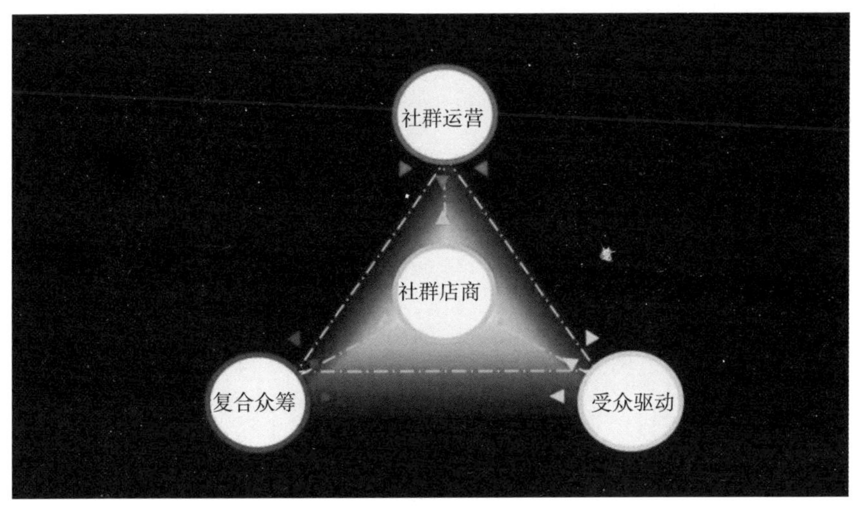

三位一体的“社群店商”

除此之外，社群店商 Boss 系统真正的核心所在，是它的**“社群众筹 + 回归线下的 O2O + 众创分销裂变”**的顶层设计。有了这样的顶层设计，景致家一开始运营就收到了奇效，创造了新的运营纪录：

景致家石路店社群众筹海报

第一，开业前100%收回投资，实现充足的现金流；

第二，灵活运用复合众筹，开业前锁定300名用户，销售额20万元；

第三，开业前锁定120位超级合伙人，实现稳定的客流量保障。

景致家在国内独创的**“社群店商”**模式，有较强的示范意义——

它可以抗衡淘宝和京东等流量电商；

它可以使被淘宝、京东强力从线下吸引到线上的流量，重新回归到线下；

它可以开创以“社群电商”“内容电商”和“场景电商”为主要形态的新一代电商！

第六章　产品设计：非爆不做

在移动互联时代，产品是王道，爆品思维必须成为每一个企业的信仰！

核心问题

1. 如何挖掘亮点，打造一款全新产品？
2. 什么情况下，我需要开发新的产品与服务？
3. 如何在互联网时代，开发新的产品和服务？
4. “互联网＋”时代，产品设计的新原则与新技巧是什么？
5. 我如何也做出一款“爆品”，彻底火一把？
6. 有没有风险最小的试错方法？

标签

场景即产品

细分第一

小众强需求

三大设计原则

迭代出爆品

案例

爆怒大鱿鱼

江小白

凯叔讲故事

绽放

奥可宝智能泡奶机

陪伴的力量

小K智能插座

猫王收音机

传统时代和互联网时代的产品开发思维完全是不一样的：**传统时代关注的是产品的物质性，而互联网时代专注于产品的关联性，专注于这个产品可以引发出多少社交化的关系。**

如此说来，是否产品本身已经变得不重要了？事实正好相反，产品比以前更加重要了，消费者对产品的要求更高了。因为，产品除了需要满足原有的对基本功能的需求之外，还要有能力串起用户与外界的连接。

这样不断串起用户与外界的连接，乃至强化这些连接的做法，就是产品的“社群化”，就是“互联网+”的核心思维，其创造成果之一，就是爆品和爆品思维！

打造爆品，就是最大限度地挖掘产品自身的力量。

爆品思维，应该而且必须成为企业最强劲的力量，成为每个企业的信仰！

现在，人们看电视越来越少，自然也看不到电视广告了，我们买东西，看朋友圈，靠分享，更在乎直接的、真实的信息和沟通，而不仅仅是形象代言人的推荐。“代言人”与普通消费者没有情感链接，难以产生共鸣，没有会心一笑，有的只是基于利益关系的“代言”。

产品不爆的话，是在社交圈、朋友圈流转不起来的！离开了目前最有效的媒介兼渠道“朋友圈”，你的产品能火得起来吗？

每一个产品，应当聚集对用户需求的洞察、对用户体验的设计、对使用场景的描述……应当聚集起你对于它的挚爱，应当聚集起企业的所有力量，劲爆登场！

在大家的心目中，小米手机是爆品，小K智能插座是爆品，吴晓波的千岛湖杨梅树众筹也是爆品。

接下来，我们就来先分享一个看起来很普通但业绩增长和财务回报惊人的爆品案例，爆怒大鱿鱼——中国第一平效门店。

陈朝辉师出阿里巴巴，互联网思维和精神深入其骨髓，狼性行动力深入其血液，他以河南为基地，专注做互联网+传统行业的投资。

他创立了云端创投集团，致力于打造一个集合资本、自媒体、供应链、用户、文化于一体的商业生态，历经十多年持久不懈的努力，已初露峥嵘、初见端倪。

云端创投集团创始人陈朝辉

十多年前，陈朝辉开始创业，刚开始做贸易批发类的生意，这也是绝大部分老板的必由之路。他卖过衣服、鞋、饮料、生活小用品，经销的商品种类繁多，绝大部分自然都是哪里都有的大路货，性能特点一般，在河南省的渠道里，赚个差价、走个流水，仅此而已。单看营业流水，似乎还不错，但是年底盘账时，一旦计入商品库存和应收账款，情况马上逆转，最后往往是不盈利的。

这时候，他在阿里巴巴的经历和经验，就开始起作用了。而且，有别于阿里巴巴大平台、大流量的运作模式，他已经开始有"单点突破"的"爆品思维"了。

左思右想，来回斟酌，2014 年，他决定在产品、模式和运营监控三个方面，深入地运用"爆品思维"，三管齐下，大刀阔斧地实践一次，全力打造一个 O2O 的时尚餐饮新品牌——爆怒大鱿鱼！

爆品爆怒大鱿鱼有三爆：

第一，产品"爆"。

陈朝辉从我国台湾地区引入第一人气夜市美食——爆怒大鱿鱼，单品突破，不再是门类众多！

关于爆怒大鱿鱼，煎炸前包裹鱿鱼的调料（独家配方）、饮料和蘸酱全部定制。包裹鱿鱼的调料运用了美国一家著名的食品公司煎炸食品的包裹技术，煎炸过程中，可以牢牢地黏附在鱿鱼上，基本没有脱落，从而，让调料的味道可以深入鱿鱼，达到最好的极致口感。而饮料和蘸酱的定制，一方面可以最好地匹配鱿鱼的味道，同时增加了商品的稀缺性体验，最重要的是，可以获取最大的利润空间。此外，他们每天坚持换新的亚麻酸油，专注食品健康，严格选材，全程冷链运输，唯美新鲜。

由于开店的扩张速度奇快，所以，陈朝辉向舟山渔业大批量采购鱿鱼的价格非常低，这与小米以全球最低价 69 元推出 10000mAh 充电宝，有异曲同工之妙。

第二，模式“爆”。

爆怒大鱿鱼的所有门店，陈朝辉总部投资占股51%，其余49%全部由当地合作方以及店面的员工持有；这保证了各方都有最大的积极性，也保证了店面运营持续火爆。

“爆怒大鱿鱼”的劲爆场面

第三，运营监管“爆”。

爆怒大鱿鱼以其独特的粉丝传播体系，在门店开张10天内，就形成一个议论、传播和消费热点，拿下一座城市。强大的后台粉丝社群系统的创建引领行业先锋，无人超越。

爆怒大鱿鱼的内部监管，要求每家门店每天定时拍摄门口排队人数的照片，展开内部PK；对于门店的极大压力和极大动力，带来了极大的财务回报！

这个很爽、这个很过瘾、这个也很爆！

2014年7月，“爆怒大鱿鱼”第一家店在河南省焦作市震撼开业，并创下单店日营业额过万元的业绩；三个月内，在河南、湖南、湖北、江西、广州等地，陆续开店100余家，峰值一天开店10家，速度创下行业开店速度之最。

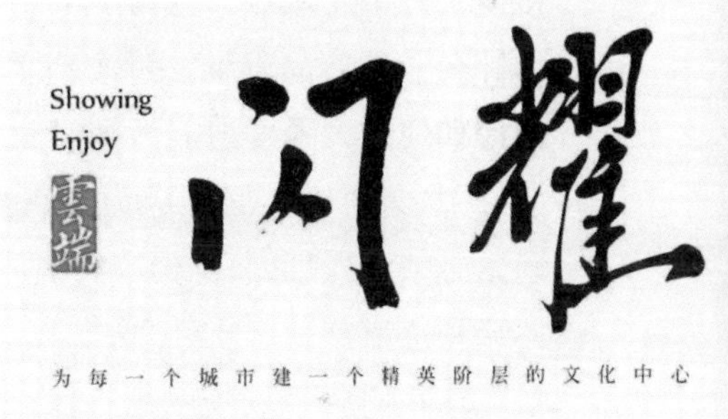

一家7平方米的爆怒大鱿鱼门店，每天营业额过10000元，每天的纯利润率超过70%，每天平效（纯利）超过1000元。

这绝对可以称之为国内第一平效店了！

2016年9月26日，我作为演讲嘉宾去郑州参加陈朝辉的新项目**“闪耀”**的第一次发布会，演讲嘉宾阵容汇集中原大地的教育、无人机、生物医学、新能源、有机农场、休闲地产等诸多领域中的领军人物。“闪耀”借鉴TED模式，用杰出的思想，如城市灯塔般地照耀这个时代筚路蓝缕、披荆斩棘的历史进程。

第一节　场景即产品

2015年7月，吴声出版了《场景革命》一书。在我看来，《场景革命》是近5年来，中国最好的商业著作之一，洞见、文笔、实用性俱佳！这本书直接启发我把“场景化电商”作为第二次创业的核心方向。

这本书的副标题叫：“重构人与商业的连接”。

“场景革命”的意义何在，商业价值何在？

在我看来，“场景革命”最大的商业价值就是，它强烈地揭示到，在

真实的使用场景中，挖掘、捕捉并确立用户需求的意识和方法。场景思维是连接用户和产品的最佳桥梁。

这样的揭示让我们在做产品时，真正重视用户使用产品时的感受和体验，而不只是重视产品的基础功能，开发产品的着眼点第一次从“产品”（物）迁移到了“用户”（人）身上。

这样的揭示让我们在淘宝等流量电商单一的“价格”取向之外，看到了感情、感受和体验等“价值”取向，从而昭示了“场景电商”和“社群电商”揭竿而起的历史性良机。

这样的揭示让我们在已经一地鸡毛的O2O疆土中，逆势而动，引领线上向线下更多的回归。

真是“多么痛的领悟”，而这个领悟又是多么的来之不易。已经完全习惯于凡事先从自己的角度来想问题的我们，该如何从**“我有什么，就给你什么”**的产品思维，过渡到**“你要什么，我给你什么”**的用户思维，我们该如何最大限度地能做到对此“知行合一”呢？

“场景思维”必须成为我们在产品设计中最重要的思维，必须深入骨髓，必须渗入基因，必须潜伏在下意识里，必须在产品开发设计时，时时体味和感悟！

让我们从“场景思维”这个角度，进一步深入分析江小白。

一、“青春小酒”江小白

我们来当一回产品经理，用“场景化设计”的方法，看看能够满足消费体验的产品，该如何开发。

第一步，设身处地把自己作为产品的第一个用户，置身其间，来感性而深切地体会其中的消费细节；

第二步，抽身出来，总结用户需求，进行场景洞察，从而理性设计，重新定义新品。

不同于以前对产品性能和体验的抽象描述，场景化设计是将对产品进行消费时的感受和体验，在消费之前就直接、明确和形象地告诉消费者，从而最大限度地触动他们的内心，激发他们对于消费的愿望，进而最高效率地完成销售。

而中国第一款青春时尚白酒“江小白”正是这样第一次地把80后、

90 后的“新青年”作为白酒的主流消费人群，基于消费场景，准确捕捉到他们的消费需求与体验。

“江小白”可能是全中国最照顾 80 后、90 后情绪的酒了，它深知他们喝的不是酒，而是高兴、兴奋、激动、气馁、颓唐、愤怒、嫉妒、失望、寂寞、绝望、茫然、负面、紧张等日常生活中的真实感受和情绪，是真正的生活体验和共鸣！也许不那么积极向上，然而，却是最为真实的。

这样消费场景的体验和描述，在我们 2000 多年的白酒历史上前所未有，茅台、五粮液、二锅头的诉求，都是历史悠久、文化传承、皇家气派，是高端、大气、上档次！但这些在 80 后、90 后眼中多少有些空洞和虚妄。

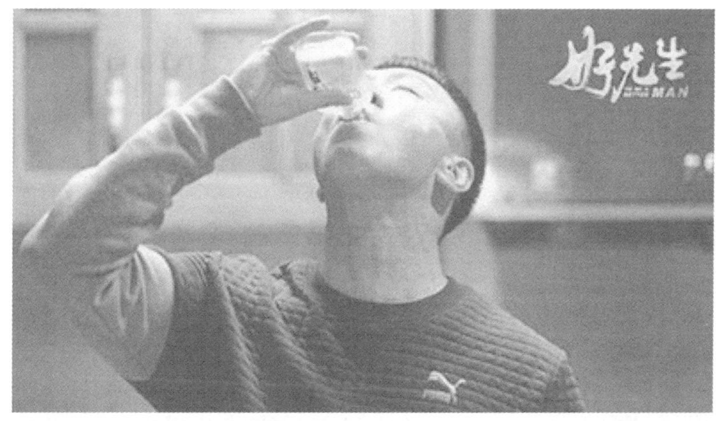

在电视剧《好先生》中“植入广告”的江小白

2016年6月，由孙红雷担纲男主角的电视剧《好先生》持续热播，青春小酒“江小白”成为男女主角的互撩神器！

展读到此，大多数50后、60后、70后对于“江小白”的感受，也许是从10分钟前的“闻所未闻”，到现在的“似懂非懂”，这是它的失败吗？在我看来，不与所谓的“主流”为伍，这恰恰是它的成功。因为，50后、60后、70后并不是“江小白”针对的消费人群。

二、凯叔讲故事

我很早就在电视上见过光头王凯，当时他是《财富故事会》的节目主持人，因为他的光头和天生故事高手的形象，使我对他印象深刻。后来，偶尔朝电视机瞟一两眼，却发现王凯不见了，再后来，听说他离开央视创业了。

凯叔讲故事LOGO

真正开始关注他，就是因为要写这本书，朋友推荐我注意他的案例。上网一搜，这才发现，王凯已经火了，红透半边天了。

微信公众号“凯叔讲故事”，是中国第一讲故事品牌，也是微信最大的亲子平台；是孩子的哄睡神器，也是父母的育儿宝典。2014年4月创立至今，已经拥有超过400万用户。

给孩子睡前讲故事，这是一个多么好的场景，捕捉得实在好、实在妙！这也是用户的刚需。刚开始时，这个需求有高频度、高信任度、高黏性，后续拓展时，它又有了高连接性、高衍生性。这是切入亲子市场很好的入口。

凯叔讲故事是一个充分运用了互联网思维，经过逐步迭代，逐步优化，而形成的一个爆品。

（一）高度聚焦需求和痛点

讲故事是王凯从小养成的爱好，也是他和两个女儿相处的最重要的方式之一。他先是在女儿所在的幼儿园家长群中分享故事录音，受到家长和孩子的热烈欢迎。

听故事是每个孩子的需求，但讲故事并不是每个家长所擅长的。尽管刚开始时，王凯完全是从自己给两个女儿讲故事的个人经历出发，但他很快就找到了一个看似微小，但从未被系统和持续满足的刚需。

王凯意识到家长和孩子都有听故事的需求，尤其对于家长而言，这一需求是一个普遍性的痛点，而且还是一个很痛的痛点。在移动互联网时代，这种需求通过“凯叔讲故事”被满足，用户数量也急速增加，每个月平均增长 20 万左右，实现了较为快速的裂变。

1. 需求产品化

除了持续更新微信公众号里的声音故事内容之外，每个月王凯还会选出 6 到 8 本与故事内容对应的绘本进行销售，每本书配上一个二维码贴纸，用户扫一下，就可以边听“凯叔讲故事”边看书，最高纪录一天卖出了 16000 册绘本。因为“凯叔讲故事”80% 的用户都是孩子的妈妈，王凯团队围绕科学育儿、如何与孩子相处等内容开发了“妈妈微课”，创建了 50 个 500 人左右的微课群，聚集了 20 多万妈妈，最多时有 15 万人同时在线收听“妈妈微课”。

2. 产品迭代与延展

王凯因为讲故事过于生动，招致不少家长的负面评价，原因是孩子听故事上瘾，而影响了睡觉。王凯仔细研究了家长和孩子的作息习惯，把产品分成不同的场景，以便更好满足顾客的需求。

例如，王凯开发出了“睡前诗”：在讲完故事后，把一首诗按照篇幅朗读 7 到 15 遍，每一遍都会比上一遍声音小一点点，到最后似有似无的时候，孩子已经睡着了。新产品“睡前诗”无疑是王凯基于场景化的创新之举。

之后，王凯又逐步开发了“凯叔书屋”和“凯叔话剧”娃，从而实现了产品迭代与延展。

从“哄睡神器”到“不只是哄睡神器”

3. 众筹与社群经营

社群应通过各种方法进行较好的开发和维护，其中，众筹是在短时间之内效果最好的强化方法。

社群是众筹的源点，也是众筹的结果，众筹成功需要有社群作为前提支撑；反过来，众筹成功又可以强化社群关系，使社群更加紧密。

王凯做的两次节日众筹“失控儿童节”和“失控圣诞节”，将筹钱、筹智、筹资源的三重目标，以最高的效率、最好的方式全部实现了。

“失控的儿童节”海报

2014 年“六一”前夕，“罗辑思维”的罗振宇和“凯叔讲故事”的王凯，联合静佳品牌创始人李静，“两叔一姐”共同发起了 15 天内众筹“失控的儿童节”项目，在 5 天内众筹到了活动所需的大部分物品、资源和费用。

“失控的儿童节”筹什么？

第一项：礼物。

第二项：具体玩法建议。

第三项：场地。

第四项：专业志愿者，包括医疗志愿者、看护志愿者、司机志愿者等。

第五项：30 万元活动资金。

而两位“叔”能给众筹支持者提供的回报，也是很有吸引力的：

捐助 5000 元，可以在活动现场做宣传；捐助 2 万元，其产品可以作为活动福利，提供给参加现场活动的家庭体验，让场外的朋友眼馋；捐助 5 万元，“凯叔讲故事”由您独家呈现；捐助 30 万元，取得儿童节活动冠名权。

最后来晒晒靓丽的成绩单，180 个家庭现场狂欢，1137 人线下直接参与，1704 万微博人群覆盖，260 万微信精准传播。

第一个互联网众筹的儿童节聚会完美落幕！

之后，王凯再接再厉，同样用众筹的方法，完成了同样也是史上第一个互联网众筹的“圣诞节”聚会。

王凯用连续众筹的方法，完成了“失控的儿童节”和“失控的圣诞节”，以及衍生产品的持续开发，实现了广泛的混业跨界联盟和活跃度非常高的社群。

"失控的圣诞节"海报

第二节　细分第一

一、第一旅行女装"绽放"

按场景体验的方式去设身处地捕捉用户尚未被发现的需求，自然是最好的方法；但是，这个方法对于创业者的敏锐度、想象力、洞察力等的要求是很高的。除此，还有其他更容易、更简单的方法吗？

当然，方法总是比问题多，这个方法就是，是否可以创造一个全新的产品品类呢？

第一，仔细分析自己所处行业有哪些市场需求尚未被满足，或根本还没有觉醒？

第二，这些市场需求是否具有高频次、低价格、易决定等特征？

第三，如何营造极致体验？

"绽放"的掌柜是茉莉和三儿，是一对目前定居苏州的年轻夫妻。他们在一次西部旅行中相识相恋，尝过两地相思的异地恋，也经历了在北京的辛苦打拼。他们一个是电视旅游节目导演，一个是图书装帧设计师，共同的特点是文艺、敏感、细腻、文笔好、酷爱旅行，再忙内心总还是向往着闲云野鹤、神雕侠侣般的生活。

2008 年 7 月，茉莉辞职创办了"叁陌绽放"，以买手制的方式，在淘宝上经营他们俩在世界各地旅行途中发现的奇妙而美好的东西。只用了两年时间，就做到了淘宝三皇冠；2011 年春天，两人选择落脚在三儿的故乡苏州，一起经营这份事业。在他们眼里，“绽放”是一个女孩的成长故事，也是两个人生命之旅的一部分。

“绽放”网页

他们的最小化可行产品（Minimum Viable Product，MVP）为“旅行时穿的休闲女装”。2014 年，他们将淘宝小店以正规的公司化和品牌化开始运作，将“绽放”正式定位为“第一旅行女装”，从而创立了“旅行女装”这个崭新的品类和“绽放”这个崭新的品牌。开始时，所谓“第一”应该是最早的意思，目前“绽放”在“旅行女装”这个细分品类中，经营规模和品牌影响力两个方面都居“第一”，名至实归。

作者与三儿

“绽放”的成功实践有三个值得借鉴的启发之处：

第一，从一般买手制的淘宝产品销售，到切入更细分的用户人群及市场，直至独创一个全新的品类“旅行女装”，看似缩小了用户覆盖面，机会少了，实际上却是将以前零散的、类别不鲜明的用户，更加紧密地集结在“第一旅行女装”“绽放”的大旗下。看似做的是减法，但实际的运营结果却是每年营收翻番的倍数效应。

第二，以淘宝店为基础和起点，以社群创建和维护的方式，将原先淘宝用户，慢慢地逐步转移到自建社群中，将淘宝的“电商流量”，慢慢导为“社群电商流量”。

第三，用社群改造 O2O 线下店，探索“社群化垂直 O2O”模式。三儿告诉我，基于目前已拥有超过 12000 个活跃用户的社群，用众筹的方式去开第一家实体门店，是他的 2017 年计划之一。

二、长立鞋——中国鞋业中的“至简主义”

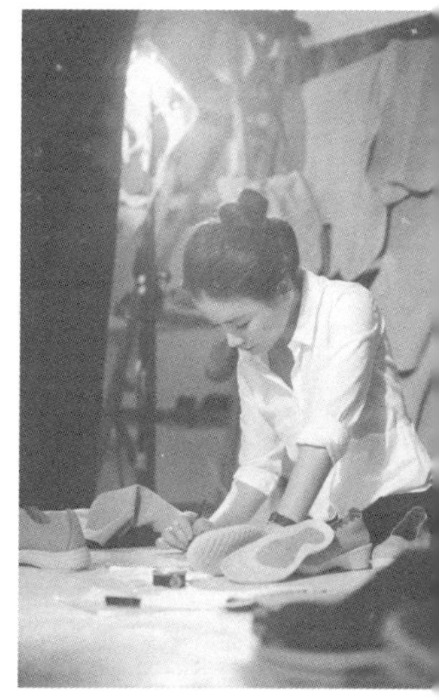
长立鞋创始人林美蓉

林美蓉是我的好朋友，她是创二代，从爸爸手中接过晋江的鞋厂后，她最大的贡献是将公司业务国际化了，开拓了意大利、美国、韩国等海外市场，鞋子售价从 6 美元飞升到了 40 美元，完成了低档鞋到中高档鞋的转变，但是公司核心业务仍是为 GEOX 等国际一线品牌进行贴牌生产。

林美蓉一直试图用新科技研发一款保健养生鞋，可以防止长久站立导致脚大拇指外翻变形的问题，特别适合教师、医生和护士等日常工作中需要长时间站立的职业。

从 2013 年开始，林美蓉组织了一支研发团队，从拇指外翻、足弓变形、脚底无力、血液不畅等多种足部常见问题入手，打造一款柔软轻便、按摩透气、足弓支撑的鞋子，并为此取得了足弓支撑的全球专利，投资千万，历时 3 年乃成，从 2016 年 4 月投放市场试销以来，在日本、韩国等地的百货公司，屡屡卖到脱销，顾客穿着长立鞋都舒服到尖叫。

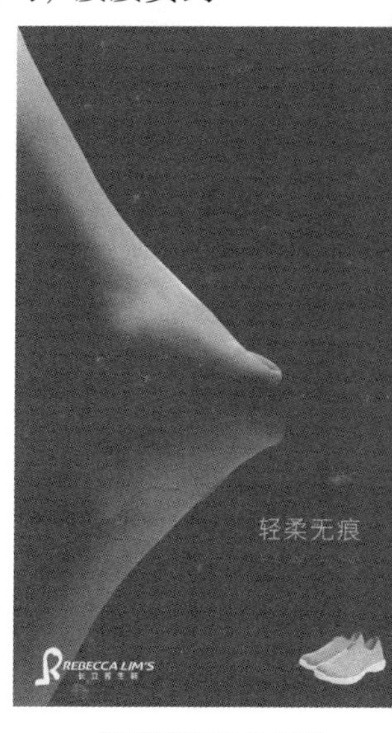

舒服到尖叫的禅鞋

李连杰和马云都成为林美蓉的座上宾，穿上了为他们定制的养生鞋。

我为林美蓉设计了“至简主义”这一中国鞋业从未有过的价值主张和品类定位，完成了“产品定制 + 强 IP 社群营销 + 众筹 + 回归线下的 O2O + 场景/内容电商”的整体顶层策略设计，并进行运营，希望可以孵化出中国鞋业的顶级品牌。

所以，爆品一定是在某个方面有巨大突破，一定会给消费者带来极致体验的。

我们要追求细分市场的第一，爆品思维既是手段，也是目的，既是因，也是果。

第三节　小众强需求，还是大众弱关系

一、小众强需求确定产品概念设计

徐学渊是我的合伙人，住在宁波，2009 年他当了爸爸。对于男人而言，这是一个里程碑式的事件，但随之而来的，还有一些烦恼，比如，半夜起床给孩子“喂奶”的问题。

当初，学渊和上班族一样，朝九晚五，起早贪黑，回到家也不能睡个好觉，还要半夜起来给宝宝喂奶，这让他心力交瘁。

相信这是人类数千年以来，亘古未变的问题，而且，看起来，这问题并不严重，大家都已习以为常，替代方案也很多，比如，请爷爷奶奶帮忙或请月嫂等。

但是，真的深究一下，死磕一下，这又是一个非常具体、明确的痛点，而且市场需求庞大，需要解决！

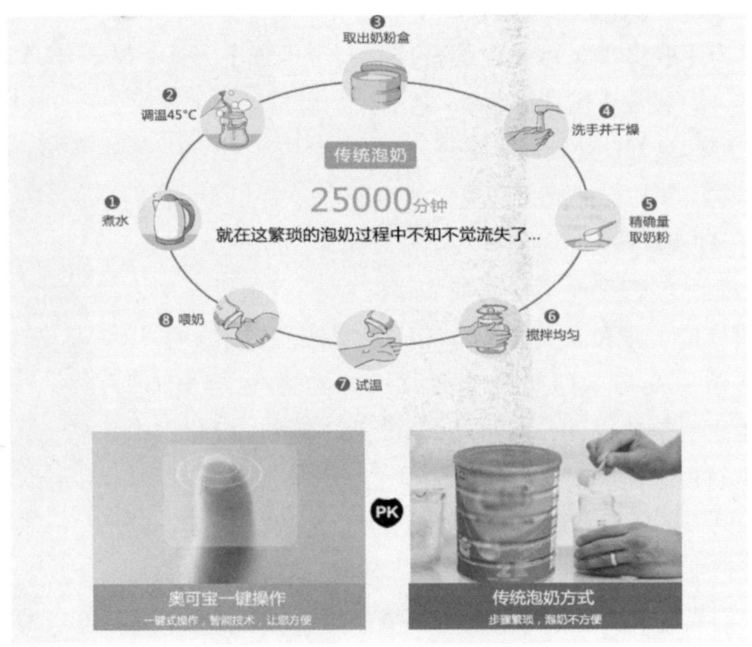

3 年传统泡奶需要父母付出 25000 分钟

除了是一位新手爸爸，徐学渊还是一个曾经就职于吉利汽车公司的设计师出身的创业者，创办了奥可设计公司，为宁波周围众多的工业企业服务。他决心这次亲自来试试，发明一个小小的智能机器，解决这个问题。

对应我们习惯性的思维方式，在大流量时代和大众弱关系下，这是一个小众的需求，并具有很强的场景感，是一个“小众强需求”。

通过上面这张图，我们可以清楚地看出，传统泡奶需要解决的具体问题是：

- 水温不稳定
- 水量随机
- 整个过程需要 5 ~8 分钟

而徐学渊设计的智能泡奶机，可以在 8 秒钟内，按事先设定好温度和水量，冲好孩子可以直接喝的牛奶，并努力在 40 秒内完成整个泡奶过程，这样，可以最大限度地减少再次入眠的障碍。

在使用了场景定义、场景体验、细节社群、运营数据收集等方法之后，徐学渊确立了这个产品的基本功能和用户界面，并完成了样机设计和制造。

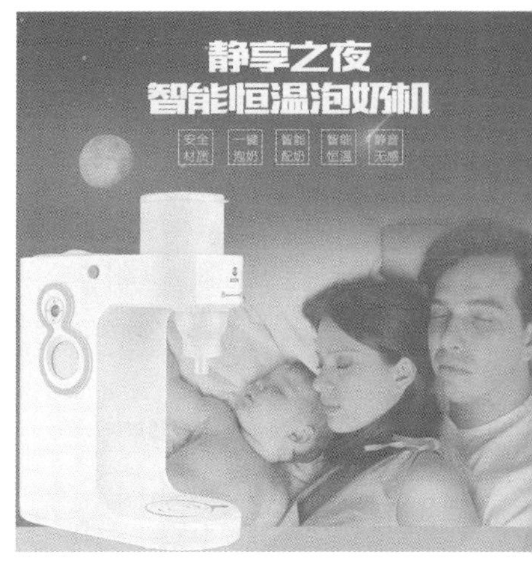

智能泡奶机广告页面

二、淘宝众筹助力产品量产

样机有了，作为第一次开发具体产品的创业实践，徐学渊并没有走以前的老路：自己设计、采购、制造、铺货、推广、分销、销售、回款等。

他选择了当时刚兴起的淘宝众筹，迈出这个项目的第一步，并取得了成功，他创下的众筹成绩，在之后很长时间内一直占据淘宝众筹小家电品类的第一名位置。

在我们捕捉庞大流量中细分的市场机会时，总是习惯性地着眼于人数最多的大众人群，唯恐漏掉任何商机。但是，大众人群是弱的、不紧密的关系，而对于一个全新的产品和市场，仅有弱的关系是激发和撬动不起来的。真正有用的，必然且唯有小众强需求！

以需求明确而强烈为第一特征的小众人群，最适合作为新产品推出的第一批种子用户，也是创业公司创建之初最应该牢牢掌握的第一批用户。

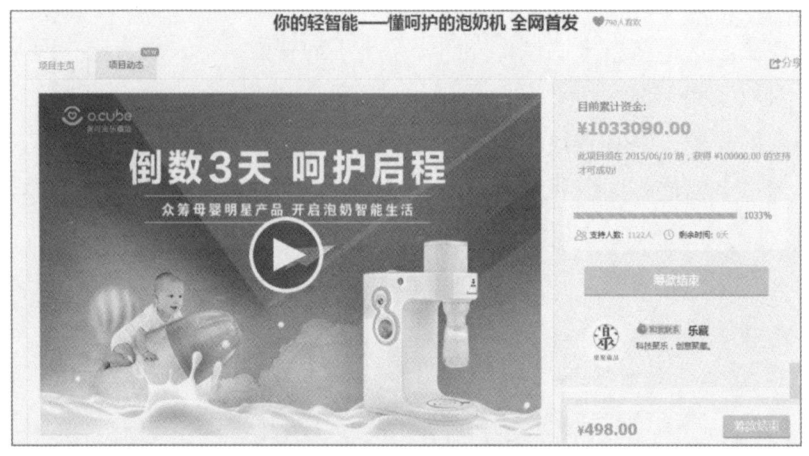

奥可宝智能泡奶机淘宝众筹页面

徐学渊发现并捕捉到的，就是这样的“小众强需求”！

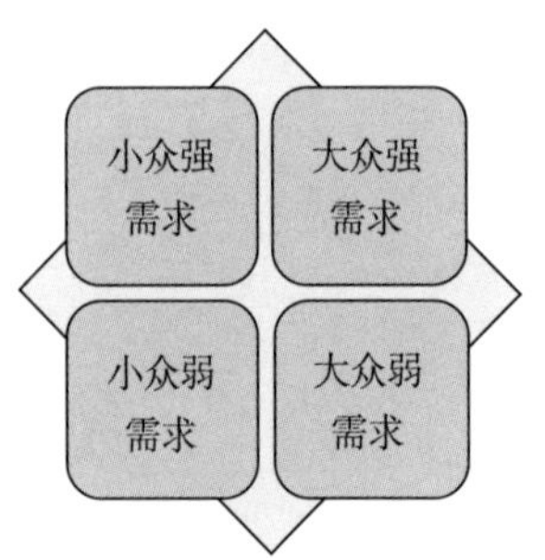

“用户”和“需求”关系的四象限分析法

在成功地捕捉到了“8 秒钟内完成夜间泡奶”这个“小众强需求”，成功地通过淘宝众筹，完成了第一批用户的开发，并顺利完成产品交付之后，徐学渊启动了后续的销售，他的新产品开始销往全球，目前已经覆盖到包括俄罗斯在内的 5 个国家，累计出货超过 10000 台。

在完成了“小众强需求”之后，在“大众强需求”、“大众弱需求”和“小众弱需求”这其余的三个象限所代表的业务领域，徐学渊下一步应该往哪里走，他的“应许之地”在哪里呢？

第四节　万物互联下的产品设计三大原则

互联网的最大功能，是创造连接和深化连接的过程，核心是基于关系；而互联网 +，就是深化连接的过程，就是**“产品社群化”**和**“社群化产品”**。

深刻地认识到这一点，万物互联下的产品设计原则，可归纳为三点：

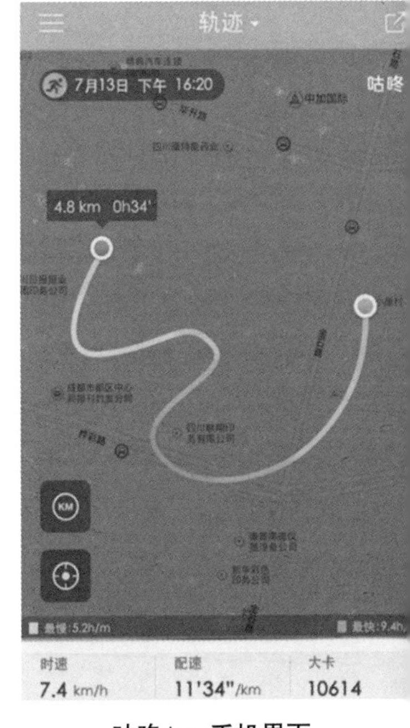

咕咚App手机界面

功能性（传统型思维）：即物品本身带给用户的基本功能。喝水就是解渴，吃饭就是管饱，穿衣就是保暖，手机上的咕咚 App 可以记录你每天跑步的轨迹、配速、长度、大致消耗的卡路里等。

以前对于产品的改善和创新，全都集中在这个属性上，还是在传统型思维里打转转的做法。自然，这样找差异化的商机，一定是事倍功半了。

互联网时代带来了**体验性、社交性**两大利器，这两大属性是属于互联网思维的，是另一个阵营的；自然，就是天然有屏障、有壁垒，有可能事半功倍的！

体验性（互联网思维）：即人和物品之间的连接，描述的是在使用过程中用户的感受和情绪。比如，通过“咕咚”你可以看到每天的进步，速度、长度、消耗的卡路里等，是可比较的、持续的、整体的。

社交性（互联网思维）：即人和人之间的连接。比如你会在朋友圈晒出“咕咚”里的数据记录，“炫耀”你的努力和成绩，与朋友们产生互动和社群感。

但是，究竟如何做呢？我们通过下面的案例分享来说明。

打开脑洞，大胆设想一下，对于一件儿童服装，还可以做怎样的改善和创新呢？

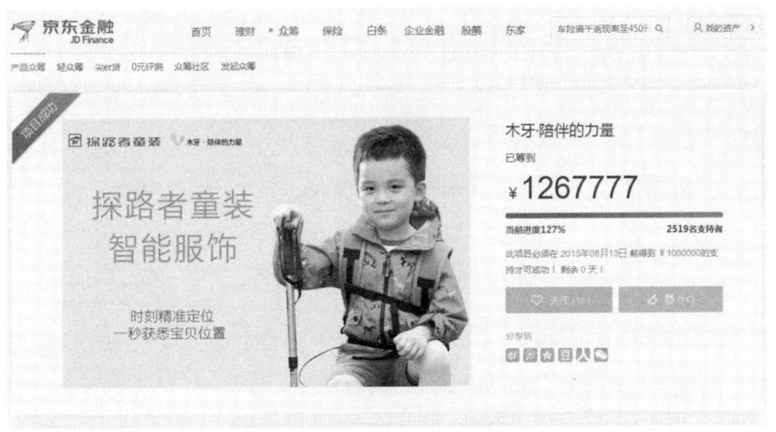

“陪伴的力量”的京东众筹页面

“陪伴的力量”的手机界面

面料，更加温暖？款式，更加时尚？尺寸，更加贴身？一件衣服里面也可以有互联网思维吗？

2015 年 6 月 29 日上午 10:00，由“木牙科技”和“探路者”合作推出的第一款具备陪伴功能的儿童智能服饰，登录京东众筹。上线后不到 1 个小时，便吸引用户近 1000 名，不到 2 个小时，便实现 60 万元众筹额，不到一天时间，即达成筹集目标，最后完成 126.8 万元的总募资额。

这个项目的创新之处是在儿童衣服里放了一个传感器。这个传感器可以对孩子进行位置定位，以防止孩子丢失，还可以检测孩子体温，预防孩子感冒。这些都是很好的功能，也会有很好的效果。此外，它还可以**记录父母和孩子在一起的时间，“陪伴的力量”主题词便是基于这个理念的。**

产品有感情才能卖得好，感情就是最好的场景。从面料、款式等**功能性**上讲，这件衣服几乎没有任何改变，它的着力点完全集中在**体验性和社交性**这两个方向上。

孩子对衣服和陪伴的需求是刚性的，但是，从未有过一个智能化陪伴功能的儿童服饰来满足这样的刚性需求。

基于衣服内置的陪伴识别技术，如果父母在孩子身边，父母的手机就会记录下来他们陪伴孩子的每一分钟；如果父母不在孩子身边，他们也可以随时通过手机看到孩子每时每刻的活动轨迹。

另外，爸爸妈妈大多乐于在朋友圈晒每天陪伴孩子的情况，如果几个家庭都有这样的陪伴服饰，他们之间就会产生更多的互动和链接，这又带来了独特的**社交性**。

众筹期间，为了充分发挥这款产品的**“社交性”**，木牙还推出了“面向全国征集100个好爸爸的活动”，所有众筹参与者在100天内，使用木牙产品每天陪伴孩子玩耍的时间不得少于1小时，最终，累计陪伴时间最长的前100个爸爸，将获得“好爸爸”称号，其支付款项也将全额返还。

这个众筹项目背后，汇集了洛可可创始人贾伟、“凯叔讲故事”创始人王凯、熊猫自媒体联合创始人申晨、“三个爸爸”创始人戴赛鹰等创业界大咖爸爸的鼎力支持，它充分体现了功能性、体验性和社交性三大产品设计原则。

第五节　迭代出爆品

迭代是指将一个产品快速投放市场，取得反馈，快速修改，再次投放市场，再次取得反馈，再次修改，如此循环往复，最后形成一个可以让大部分用户满意的产品。

即使有设计天才的灵光闪现，爆品的打造也绝不是一蹴而就的，更需要不断测试、不断优化、不断修改，需要迭代，而众筹既是目前试错成本最低的迭代方法，也是爆品打造过程中不可或缺的一环。

以下是两个通过持续众筹，完成产品的不断迭代、功能与品质的升级，最终成就爆品的例子。

一、小K智能插座

小K智能插座是一个不折不扣的众筹明星。从小K一代“试探市场”，到小K二代“树立业内权威”，再到小K三代“面向大众”，它的三次众筹可谓中国整个众筹产业发展历史的缩影。

小K一代是当时世界上体积最小的智能插座，可以实现手机远程遥控、定时开关以及充电保护等功能。而它的创始人林立认为，小K一代最吸引人的地方，是WiFi增强功能，它可以让用户在家里的WiFi死角也享受到强信号。小K一代的定价是79元，接近普通插座的售价。

2014年2月，小K一代正式在“点名时间”上发起众筹，最终以179万元的众筹金额刷新了国内众筹纪录。

在小 K 一代进行开发时，小 K 二代也已经在研发过程中了，他们当时面临两个选择：其一，在小 K 一代的基础上继续深化产品；其二，做整套智能家居解决方案。最后，他们选择的是第 2 个方向。

小 K 二代已经不再是简单的插座，而是一款非常复杂的产品，包含了一整套智能家居解决方案。除了插座本身，它还配有四个插件，分别是遥控插件、射频插件、环境插件和感应插件，分别用来控制家电、自动窗帘及车库门、检测室温湿度和安防照明。

2014 年 6 月，这套产品在“点名时间”上线众筹时，仅售 199 元。极富感染力的宣传加上高性价比，让这款产品瞬间卖爆了。最后，小 K 二代总共筹得 539 万元，再次创造了新的国内众筹纪录。

但是，产品功能过多、工艺复杂、交付延期、质量不稳等问题接踵而至。面对这些始料未及的问题，创始人林立很是感慨：“我们踩到的坑就是，把产品做得太复杂了，连极客群体都不能很好地消化应用，遑论普通消费者。”

小K智能插座的第二次众筹页面

小 K 二代发售完毕后，公司从没有客服到专门招聘 15 个客服，来面对每天汹涌而来的问题咨询。从产品的意义上来说，小 K 二代是一款超前的产品，它震慑了同类产品，让企业在行业里树起了标杆。但是从应用角度来说，它并不适合普通用户。小 K 二代更多的是给极客们“玩”的，而不是一件给大众消费的电子产品。

小 K 三代，一改在“点名时间”上成功的二代极客范儿设计，将功能做到聚焦和极简，同时追求外观精美。

去“极客化”的结果就是，他们在考虑产品设计的时候，更多是从普通消费者的使用场景出发，剔除掉第二代太过“高大上”的功能，包括 WiFi 增强功能，从而确定“能源管理”和“节电保护”才是目前智能插座市场的强需求，也确定主打这两个功能，第三代小 K 实际上是第一代的延续，重归当时没有走的第一个方向。

公司开始在工业设计、产品稳定性以及 App 上倾注更多心血。相比前两代小 K 黑色的方形外观，小 K 三代的外形做成了硬糖一样的圆形，不仅形状好看，而且是彩色的。“这么牛的插座，我们只卖 39 元，小 K 三代将成为真正意义上的消费类电子产品。”

2015 年 4 月 28 日，小 K 三代在淘宝上完成第三轮的众筹，成为当时中国众筹项目中众筹金额与支持人数的双料冠军。

小 K 智能插座的第三次众筹

由于淘宝众筹对用户数据的精准把握，在项目开始不久时，项目公司就能对项目结果有比较准确的把握，从而提前备料生产。筹款结束后，只用了很短的时间，小 K 就完成了发货，而且因为准备充分，产品品质非常好，返修率极低，产品因此获得了极高的口碑，无论在产品性能、价格、销量、产品体验、客服等哪个方面，均达到了“爆品”的效果。

小 K 的三代产品都是通过众筹推向市场的，分别实现了三个阶段的经营目标。同时，历经一年两个月时间，通过三次众筹，完成了产品迭代，最后真正实现了爆品效应！如此看来，牢牢紧扣“爆品思维”，创新的空间和机会都会有的。

接下来，小 K 继续昂首挺胸地走在众筹的康庄大道上，这一次，是要走出中国，走向世界！

小 K 插座开始在海外布局，其首发产品是 KKit，与小 K 二代类似，这款产品同样支持扩展插件，可实现包括远程控制在内的更为强大的功能。此外，它还具有多种传感器，包括感应灯、温湿度检测器、门铃、走路感应接收器等。单独的插座售价 29 美元（约合人民币 190 元），送 T 恤一件。插座 +2 个插件 +4 个传感器套装则卖到 199 美元（约合人民币 1300 元）。

这次小 K 登上的众筹平台是美国的 Indiegogo！放眼中国，众筹成功的项目成千上万，但取得像小 K 这样成功的还是凤毛麟角的。

关于众筹平台，“点名时间”虽然成功完成了小 K 第一代、第二代产品的众筹，总共募集了 718 万元资金，从而帮助控客公司摆脱了当初岌岌可危的倒闭命运，完全可以说是控客公司的贵人，但是小 K 三代众筹还是转会到了淘宝众筹，可见独立系众筹平台在大电商众筹平台“洗劫”下的黯淡前景。

在中国众筹由三大电商主导的流量时代，实在很难看清独立系众筹平台的前景。但是，还有出路吗？答案就在已经成功抗衡三大流量众筹平台的新锐公司中，在于“社群化”和“生态化”。比如，杭州的“开始众筹”已经以一系列靓丽的数字——4 亿元募资总额、2000 万用户、10 亿元公司估值，给出了响亮的答案。

二、猫王收音机

从 60 后到 90 后，现在还有人买收音机吗？还听收音机吗？答案估计是：No！No！No！

我们在家听的是音响，在外听的是手机或车载音响，大不了再外带个蓝牙音箱。收音机，太老土了吧？

猫王2收音机京东众筹页面

然而，年逾花甲的老工程师曾德钧打造的“猫王收音机”系列，通过众筹，使收音机重新焕发了青春，重新走进人们的视野，闪耀登场！

猫王收音机借鉴了 20 世纪 30 年代美国收音机巅峰时期的设计精髓，从视觉到手感，从细节到听觉，都具有年代感。它使用 50 年北美胡桃原木全手工打造，每一台都有独立编号，都可以说是世界唯一。同时它还使用了 20 世纪 40 年代至 70 年代特有的真空荧光显示电子管，融入了最新的科技元素如蓝牙、NFC 功能等。

从音乐天堂的蓝牙音箱、荒岛唱机，到猫王、猫王 2 收音机，再到升级版的音乐天堂蓝牙音箱，曾德钧已经经历了5次以上的众筹。

金额越来越大，影响也随之越来越大，这就是一次次迭代、日臻完善的过程。同时，每次迭代又是通过众筹来完成的，试错的成本也是最低的。

在产品众筹成功的基础之上，2014年12月，曾德钧的“云动创想”已获得了来自京东、华登国际和腾讯Free管理基金的A轮投资，估值1亿元人民币。

猫王往下再做什么呢？

2016年5月12日，猫王小王子音箱又是一轮京东众筹，轻松众筹8000余台，集资306万元。猫王小王子音箱将网络电台和传统广播兼收并蓄，同时还可以作为蓝牙音箱，它的外观更小，价格更便宜，外形更多元化，可以具有更多的应用场景，更适合作为定制礼品，也更适合产生跨界的连接。

2011年，在中国第一次出现了“点名时间”这样的众筹平台，它主打“智能硬件”；春江水暖鸭先知，其他各个领域的先知先觉者们，也纷纷在各自擅长的细分领域中，创立类似的众筹平台和业务，竖起了一面面大旗，领一代风气之先，其中，就有主攻音乐的“乐童”。

音雄会是中国早期音乐人聚集的社群，音乐天堂的胡思克、荒岛电台的黎文、猫王的曾德钧和乐童的创始人赵洪伟，都是其中的活跃分子。

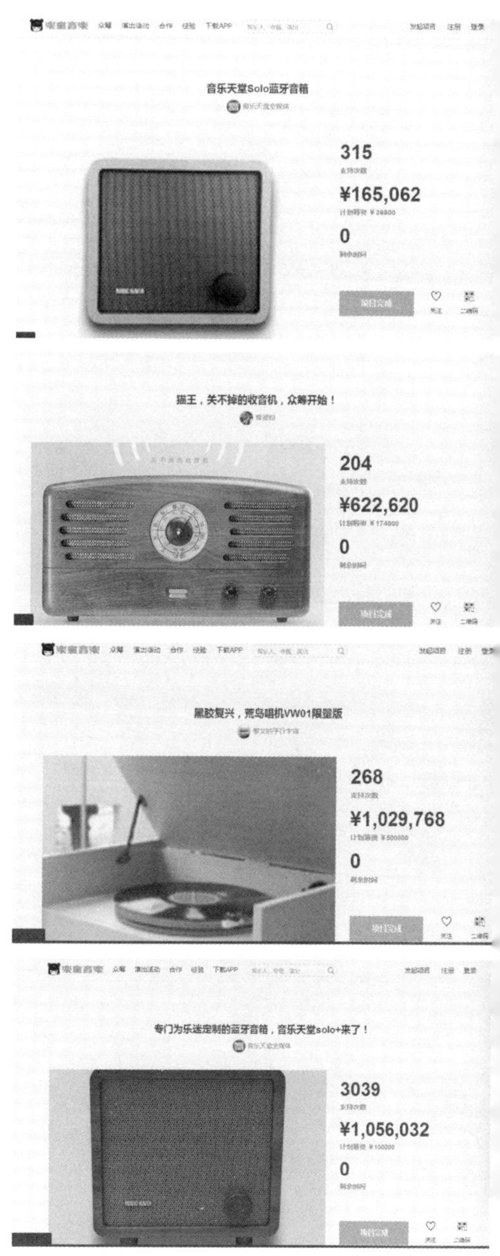

猫王历次众筹网页

2014 年，赵洪伟邀请胡思克和曾德钧在乐童上尝试发起众筹项目，这是曾德钧第一次进入众筹领域，成为中国第一批在“乐童”上尝试产品众筹的人。

某种意义上讲，2014 年之前的音乐产品众筹，从项目发起人的角度和初心来看，主要是针对音响专家、音乐爱好者乃至音乐发烧友的，或者说，是针对专业人士的。

但是，通过上述四次众筹，曾德钧最大的体会是：大部分参与众筹的人，基本上不是以前设想的音乐发烧友，不是那些专业人士，而更多的是普通消费者，是对于音乐外行的人。他们愿意参与众筹的理由，或许只是因为收音机或音响产品的颜色和外观是他们喜欢的，而不是因为音质等专业元素。

猫王小王子众筹网页

对于曾德钧而言，这是完全不同的发现。这一发现帮助他从孤清的音乐发烧友范畴进入喧嚣的普通消费者群体，更进一步渗入到时尚消费电子产品领域，完全帮助他打开了另一个全新的更为广阔的天地。

工欲善其事，必先利其器。好的项目构思必须有人和事的搭配，必须基于项目和团队的匹配。

2015 年底，被业界笑称为“猫王 F4”的新团队成立，除了猫王创始人曾德钧、联合创始人和公司 CMO 戴明志之外，还有广州《城市画报》前执行主编、营销专家黎文和蓝格创意总经理、品牌专家尧铭侃。他们以 Zippo、JEEP 为对标企业，通过众筹营销、社会化运营等做法，打造持续风靡的现象级猫王产品，使猫王成为从众筹成功过渡到持续热销的社会化商品的十分少见的产品。

作者与猫王创始人曾德钧

按戴明志的描述，曾德钧早已在其擅长的传统领域中完成了很好的财富积累，而在互联网领域挖到的“第一桶金”则是通过众筹来实现的。这“第一桶金”的含义，绝不只是金钱，更多的是互联网思维、知识、人脉，以及对于“科技＋人文”行业的趋势洞察和具体商业机会的捕捉。

曾德钧的迭代式持续众筹，在不断拓展收音机的新领域和运营天地。猫王已经成为现象级产品，曾德钧已经成为现象级人物。对于曾德钧和猫王，我们完全可以期待，今后会出现新的“现象级或文化级的存在”。

看到众筹居然可以如此给力帮一位老工程师不断践行自己对于产品的创想，不断刷新自己在双创时代的“存在感”，使自己真正焕发了青春。

中秋节前一天，在朋友圈里曾德钧分享了微信“六十岁的花季少年”，我为之深深感慨！这是一篇檄文，向老迈、颓唐、失意宣战的檄文！因为有双创，因为有众筹！他已经被点燃了，彻彻底底、无怨无悔！

曾德钧准备玩哈雷的微信页面

第七章　商业模式设计

脱胎于精品酒店的亚朵，经过店中店、微商城、社群经济等商业模式的次次迭代，收入来源的层层叠加，最后经营的是社群，而酒店则演变为只是入口而已。不战而屈人之兵，这就是商业模式设计的威力！

核心问题

1. 目前的经营模式好像太传统、太老土了，如何转型为时尚的、吸引人的、有意思的？

2. 我的商业模式如何才能“互联网+”？

3. 如何优化现有的商业模式设计并打造最核心的环节？

标签

分享与连接

分享陈列室

案例

谷歌收购 WAZE

诺基亚收购 NAVTEQ

亚朵

第一节　分享和连接

分享经济是近几年的经济热词，是最具互联网思维的热词，也是重塑企业商业模式的密钥。

分享经济的精髓浓缩成一句话，就是：**连接甚于拥有**！

对于“连接”和“拥有”这两个着眼点，以下分享两个案例。

2016 年初，我数次出入马来西亚。朋友从机场接我去市区，汽车行驶过程中，我突然发现，导航是智能化的。

第一，途中遇到堵车问题，导航 App 就会自动地即时找到另一条最佳路线，并马上将车辆导航到这条最佳路线上去；

第二，沿途中的交通事故、施工信息、交警管制等事件提醒和更新，都是由每个司机手机中的 App 即时上传的，也就是说，路况信息的实时更新，是由所有的司机众包完成的，人人为我，我为人人。

具有类似功能的 App，我在中国还没有用过。这款导航 App 是由以色列公司 WAZE 开发的，目前其用户已遍及全球约 190 个国家。2013 年 6 月 12 日，WAZE 被谷歌收购，谷歌最大的企图是使之成为“社交脊柱”，强化谷歌的移动社交业务。

WAZE 用户界面

WAZE 的着重点是“连接”，希望连接全球各地的司机，谷歌看中的是 5000 万用户和这些用户的共享信息，更准确地说，是 5000 万个“人体道路传感器”。

另一个案例是，2008 年诺基亚收购 NAVTEQ，诺基亚看中的是 NAVTEQ 以路面上传感器为主的实体资产，着眼点是“拥有”。

NAVTEQ 是道路交通传感器行业的主导者，享有近乎垄断的行业地位，仅在欧洲，NAVTEQ 的传感器就覆盖了 13 个国家 35 座城市中大约 40 万公里的道路。诺基亚希望，这些垄断型的基础设施能够成为有效抗衡谷歌和苹果的壁垒。

不用普及太多关于传感器的基础理论和知识，5000 万或迄今早已增加到 1 亿个以上的“人体道路传感器”，与数百万个道路地面实体传感器，其运营效率和财务表现的天壤之别，大家是很容易体会的！

WAZE 拥有的实时交通运行中的信号数量，是 NAVTEQ 通过实体传感器所获取信息数量的 100 倍，指数型的谷歌和线性型的诺基亚，高下立判。

一个接近零边界成本的以信息为基础、以人为主体的产品，打败了冷冰冰的机器设备，这在互联网时代早已司空见惯，也正是这场地图导航争夺战，耗尽了诺基亚最后的元气。

后来的搅局者谷歌仅用了 11 亿美元，就使曾经的全球手机霸主诺基亚倒在了后起之秀苹果面前。

时代不同了，商业模式的基础发生了变化，工业化商业模式基于事物，基于“拥有”，而互联网商业模式基于关系，基于“连接”，而迭代的结果，就是——

连接甚于拥有！

第二节　分享陈列室

分享经济已经成为席卷全球的新经济思潮，我们分享了车，就有了 Uber，我们分享了房，就有了 Airbnb，我们分享了办公室，就有了 WeWork，我们分享了餐桌，就有了“我有饭”……还有什么具有显著商业价值的东西没有分享呢？

分享陈列室！

咖啡厅

先描述一个场景——我们在一个很小资的咖啡厅里喝咖啡，小资不只是情调，而富含个性。可有可无的音乐、可有可无的灯光、可有可无的人影，甚至可有可无的咖啡，却给你最真实的感受和最愉悦的体验。

在这样的场景、这样的心境下，我们喝的咖啡，用的马克杯、小勺、咖啡店里的灯具、桌布、糖等，都可以扫二维码，马上买走吗？当然可以！

对于顾客而言，我在咖啡厅享用的一切，给了我直接而真实的消费体验，那么，我觉得好，马上就买，是最容易的！

同样，对于咖啡厅而言，它在正常售卖咖啡之外，又多了出售相关商品的收入，而且，稍加引导，举手之劳，关联销售很容易实现，何乐而不为？

在这样的场景下，咖啡厅既是一次消费的现场，同时，又是可以兼做产品展现的陈列室，另外，还可以成为二次销售的开始。

餐厅、咖啡厅、会所、酒店、民宿等大量的消费现场，可用于深入体验和关系连接的大量的空间，不都可以用这样的方法，来做商业模式的改造吗？

分享陈列室、场景化电商，是商业模式的两个再造和实施的良机，也是商业模式设计中的两个要素和利器。

而分享与连接，是目前商业模式设计中，最需要优先考虑的原则与要素。

第三节　最大胆的商业模式、最小心的创业路径

脱胎于精品酒店的亚朵，经过店中店、微商城、社群经济等商业模式的次次迭代，收入来源的层层叠加，最后经营的是社群，而酒店则演变为只是入口而已。不战而屈人之兵，这就是商业模式的威力！目前，我们谁都不明白，亚朵还是酒店吗？它的终点、它的应许之地，究竟在哪里？

汉庭的人文杂志

自从新中国第一家五星级酒店——广州白天鹅宾馆于1983年开业以来，中国酒店业最大的创新，莫过于发轫于如家、汉庭等的一系列连锁经济型酒店，简约式设计风格、刚好够用的用品、设施和服务、温馨氛围、走心的内部刊物等。

汉庭杂志的文字和人文精神，一直是我午夜梦回、心悸不

已时抚慰我心灵的灵丹妙药。汉庭的价值主张似乎完全贴合我的价值主张，而这个价值主张似乎可以追溯到我大学期间最热爱的于连、约翰·克里斯朵夫和贝多芬，可以追溯到《D大调小提琴协奏曲》和《降E大调第五钢琴协奏曲》，可以追溯到凡·高的《星空》，可以追溯到崔健和王朔！

精神气质、价值主张或生活嗜好相同的人，因为某个因缘，汇集成群，只是那时还不知道，这就是“社群”！

在五星级酒店之下、招待所之上，连锁经济型酒店提供了性价比最高、最有民主气质的食宿服务，10多年来在酒店业奋进的创业之路上，似乎也一直只有季琦们孤独的背影！酒店，还可能有什么创新吗？

在这个风口上，在这个蓄势待发的行业新趋势上，曾位居汉庭EVP的王海军御风而起，亚朵脱颖而出了。

一、酒店与社群

2013年，以“阅读”和“摄影”为主题的人文酒店亚朵的第一家门店开门迎客了。新莺初啼，亚朵会发出什么样的声音呢？

“如果你体会到星巴克的‘起于咖啡，不止于咖啡’，也会明白亚朵酒店创造的生活方式”，王海军说。作为亚朵酒店的创始人兼CEO，他希望酒店可以“不仅仅依靠卖房间来赚钱”，新一轮的酒店业变革应是由中档酒店推动的商业模式变革，“起于酒店，但不止于酒店”。

亚朵是业界第一个用跨界的互联网思维来经营酒店项目的，它让客人感到酒店不再只是住宿的地方，而是一个生活空间。

亚朵最大的创新在于，把酒店作为打造“社群”的入口，同时构造了从酒店、店中店、到微商城（亚朵生活体验馆）、社群经济等层层叠加、收入来源多元化的“场景化电商”全新商业模式。

在王海军的设想里，正常运营三年后，亚朵的营业收入构成当中，酒店可能只占到一半，另外一半则来自电商、金融、人文等相关的衍生业务领域。

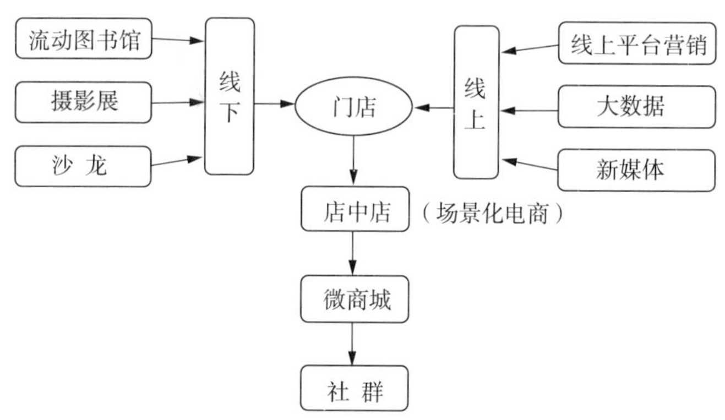

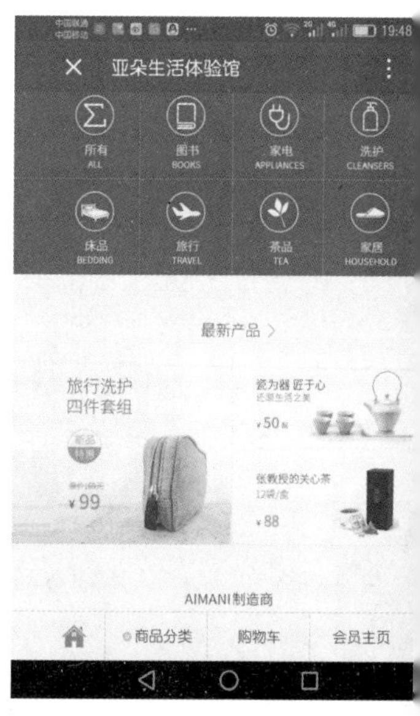

亚朵生活馆手机App界面

这是中国酒店业商业模式从未有过的突破，是最大胆的商业模式设计，也是最小心的创业路径！

整个互联网的发展，核心都是建立连接与深化连接的过程；无论是以前的“人与物”，还是现在的“人与人”，还是未来的“物与物”，对于传统行业的渗透，也是**建立连接和深化连接的过程！**

而对于亚朵而言，酒店是入口，最终经营的是社群！

一言以蔽之，在战略层面，是从经营“房间”，到经营“人群”，一切都是增加产品和服务的“社交性”，尽一切可能创造连接——用户与酒店、用户与用户、酒店与酒店、线下与线上等——并深化连接！

而在战术层面，则是经营好社群，经营好 O2O——尤其是线下的这个 O 及线上到线下的转化，经营好微商城。

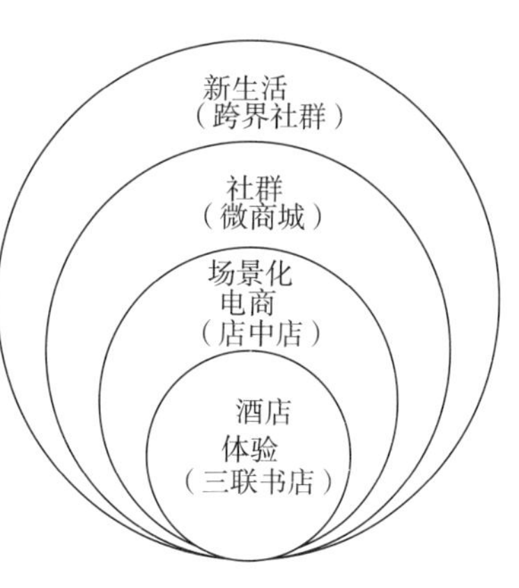

亚朵的业务模式结构图

亚朵是怎么做到的呢？

二、亚朵的绝招

每个用户在酒店住一天，起码要待上7~8个小时，亚朵要做的，就是在这段时间里，玩命地创造各种连接，加强与用户的互动和黏性：

第一，作为社区书店的功能，亚朵品牌的推广首先从附近的居民开始，无论是否入住酒店，附近的居民都可以到亚朵的大堂的书吧里自由浏览、无偿借阅。而作为会员，你在西安亚朵没有看完的书，还可以伴随你的旅程，你到上海亚朵再去还书，那你到了上海，第一选住的酒店，自然还是亚朵了。

亚朵大堂的书吧

第二，回到住宿本身，亚朵也成为相关品牌O2O体验的载体。比如，亚朵酒店的床垫、四件套等床上用品，是与供应商合作定制的自有品牌“普兰特”，客人用过之后如果喜欢，便可扫码购买，酒店里还有很多同样可以扫码购买的体验式商品，也由此收集了住客消费习惯的大数据。

第三，除了自身的连锁酒店服务，亚朵还推出了“遇·亚朵”中长租公寓，它们分布在亚朵酒店周围，共享亚朵的早餐、图书空间甚至房间服务等资源。

第四，针对度假人群的酒店业务“隐”，给客人提供打包的一站式服务，包括住宿、租车、交通路线、餐饮、特色旅游、伴手礼等各项服务，与不同的品牌进行合作，比如，由神州租车提供租车服务、稻草人旅行提供路线规划服务。

炙手可热的互联网金融也在亚朵的涉足范围内。亚朵的具体做法分为两步：第一步，亚朵通过第三方平台众筹、卖理财产品的方式，让客人投资并获得相应的回报；第二步，亚朵把众筹来的钱，贷给特许商开店。目前，亚朵已组建金融团队，正在申请金融牌照，成立独立的金融平台。

2016年初，亚朵酒店西安大雁塔店和中国首家专注于“新型空间”的房产众筹平台“一米好地”合作，运用特有的“收益权众筹”模式，在短短2天时间内完成了共计1000万元的筹资额，最终这个项目超额完成，共融资2109万元，刷新了国内酒店众筹的纪录，同时超越了淘宝、京东等其他众筹平台。

作为以“社群经济”经营的下一个方向，我可以看到的是大量的个性化十足的民居，应对亚朵个性化十足的社群。

“未来你可以想象，更多消费者未必会来亚朵住宿房间，但是会消费亚朵提供的文化产品和服务，最终的结果是，我们以酒店为起点，把这个社群汇集起来，变成一个生活方式类的品牌和公司，这是我们的目标”，王海军如是说。

三、重新回归线下的 O2O

2014 年是 O2O 的投资和创业元年，2015 年却是 O2O 的猝死之年，2016 年则是 O2O 的回归之年。O2O 成功的最大秘诀是，创业者必须是某个“O”的专家，同时具有理解并融合另一个“O”的意识和能力。

互联网项目的破局之作，往往是由具有深厚的互联网从业背景的人触动的，同时，他们天然具有创新意识与使命感。然而，遗憾的是，他们往往会失之对于线下传统业务理解的不准确和不透彻，失之对于线下商业本质的精准把握，所以，真正应了“其兴也勃焉，其亡也忽焉”这句话。

O2O 的重点，其实是在线下。所有在过程中看起来是对的、但做起来麻烦的事，最终构成了你的核心竞争力、你的护城河、你的壁垒！

以淘宝为代表的流量电商，已经越来越接近其增长瓶颈，其原先的市场主导地位，将逐步让位于新一代的电商，包括场景电商、社群电商、内容电商……

新一代电商的重点，是经营好线下的社群，并提供特定场景下的消费体验！

以“场景化电商”的思维和方法，来改造传统行业，是它们的再生之路，也是重塑“光荣与梦想”的应许之地。

第八章　路径选择

设计盈利的商业模式固然不易，但是，更难的是实施商业模式的路径选择，这需要基于你的商业敏感度和洞察力、你的全部能力和资源，一招不慎，全盘皆输！

核心问题

1. 我如何渡过最难受的“冷启动”阶段，实现从0到1呢？
2. 商业模式设计并不难，但哪条路才是最适合我的路呢？
3. 有没有风险最小的创业道路呢？
4. 我现有的团队成员有哪些不足？
5. 我特别需要增加哪些人手？
6. 有没有效率更高的团队搭建办法？

标签

种子用户
起点杠杆
盈亏平衡点
冷启动
梦之队
精益创业

案例

小米
好医生
e代洗

商业模式有了，但是实施的第一步，这至关重要的第一步，该如何迈出呢？这最初的“三板斧”，该砍向哪里？

第一节　美国租衣网 Gwynnie Bee 的最佳路径策略

先来分享美国租衣网 Gwynnie Bee 有点奇葩但很成功的案例。

即使目前“分享经济”的思潮已经席卷全球，深入人心，可分享的东西也从房间、车、游艇、餐厅，发展到了玩具、奢侈品、自行车、停车位等。

但是，让女生租用别人的衣服，去穿别人穿过的衣服，这可能是地球上最难做的一件事了。但是，这个心理障碍不克服的话，再好的“衣柜分享”创意模式都是枉然！

美女，你愿意租用别人的衣服吗？估计没有人会愿意。

让我们换个问法：美女，什么情况下，你愿意租用别人的衣服？

美国的租衣网 Gwynnie Bee 给出了对于这个问题的最佳答案！

美国租衣网 Gwynnie Bee 页面

Gwynnie Bee 是美国一家快速成长中的互联网公司，拥有成功与成熟的商业模式，具备可扩展性和可持续性，它的营收几乎每季度翻番，并有望在 2017 年第四个季度左右完成 IPO。

它开发出了一种新的服装经济形式：

第一，一种全新的租衣方式，帮助消费者满足对服装的潜在感性需求。

第二，提高使用率，减少浪费，为所有投资者创造最大经济价值。

第三，动力来自**“服装即服务”**模式、大数据和深层次技术。

Gwynnie Bee 使用基于按月付费的“订阅”的商业模式，同时解决了限制消费者获取称心的服装和限制服装行业获取更多潜在营收的核心问题。

该模式的主要特点：

第一，与最想购买的服装相比，消费者可以租赁、试穿和穿用更多款式的服装，所以，不必再左思右想、极少后悔。

第二，经营的主要是关系，持续、深入的社群关系，而不是一次性的、简单化的交易模式。

乍者与GB公司创始人Christine Hunsicke合影

第三，这种关系和参与模式，能够产生出大量关于品味和喜好、合身程度的详细数据（可以用多达 135 个指标来描述一件衣服对于女性的合体程度，三围只是其中最基本的数据），加上独一无二的合身算法和模型，业内任何公司都提供不了这些数据。

GB 公司的创始人 Christine Hunsicker 是一位连续成功创业的女企业家，也因为如此，这个听起来很特别，同时颇具挑战性的租衣网公司聚集了美国最一线的企业家和投资家，包括：谷歌的第一个外部投资人 Ramshriram、Paypal 创始人彼得·蒂尔（Peter Thiel）（《从 0 到 1》作者，同时也是 Facebook 的第一个外部投资人）等。

分享别人的衣柜或在网上拥有 3.5 万件衣服的大衣柜，在模式设计和概念上是很吸引人的，但是，一旦进入实操阶段，这仍是一个很难克服的心理障碍，如何逐渐让用户产生良好的使用体验，并逐渐养成这样的消费习惯，是这个项目胜负的关键。

模式没问题，但是从哪里开始呢？

哪里是最佳的导入路径呢?

谁是敢于吃螃蟹的第一批种子用户呢?

GB 找到并尝试了一个非常特别且成功的路径策略：以身材比较肥胖的女性作为第一批种子用户。

身材比较肥胖的女性买衣服，尤其是买到称心如意的衣服很不容易，她们非常小众，但是，她们的需求非常明确而强烈，完全符合**“小众强需求”**的铁律!

同时，大数据的试衣算法和模型，持续迭代，让用户满意度达到95%以上。

GB 创业团队中有一半人是计算机博士或数学博士，其中 CTO Singh 博士是普林斯顿计算机系的教授。他们很早就开发了一个基于大数据的试衣算法和模型，这个系统与每个用户的 Facebook 账号联通，从 Facebook 账号中采集数据，导入系统，从而形成对于衣服的偏好，用多达 135 个指标，非常精准、全面地描述用户对于衣服的偏好，这才是他们真正的核心竞争力，构成种子用户之后用户基础的持续拓展和营业收入的持续增长。

GB 最早的种子用户

第二节 天使般的小米种子用户

且不管小米 2016 年的业绩下滑，也不论外界对于小米的种种质疑。这里，我们只聚焦在一点，就是分析小米“神一样”的粉丝社群——米粉。

粉丝社群的打造是小米在手机产品尚未面市之前，就一直着力做的一件事，也是验证商业模式时，最早的路径选择之一。

毫无疑问，小米在中国是“神一般的存在”：

- 曾经是市值最高（460 亿美元）的未上市新创科技公司；
- 全球跑进“百亿市值俱乐部”用时最短的公司；

写进了开机界面上100个种子用户的ID

• 如果近年还有机会可以跑进世界500强的话，一定也是用时最短的公司。

这些源于什么呢？这一切的基础又是什么呢？是小米千万量级的庞大粉丝群体！而这一切又是源于小米最早的100个种子用户，这100个天使般的种子用户！

小米公司早在推出手机产品前，就通过发布MIUI，积累了第一批种子用户。

当时小米的做法是从竞品网站中，筛选并主动邀请1000人，请他们试用仍在不断完善中的MIUI。

“试用”是指把自己的三星或摩托罗拉等品牌手机的操作系统，改成小米的MIUI，即“刷机”。刷机是非常危险的，因为刷机后，手机容易出现各种问题，如开机死机、功能无法使用，甚至烧毁主板等，所以，许多人不愿意这样做。

最后，“忠不忠，看行动”，小米从这1000人当中，真的找到了100人，他们愿意把自己手机的操作系统刷成小米的MIUI操作系统。这100人就是小米的第一批种子用户——天使般的种子用户！

2010年8月16日，MIUI第一版内测正式开启时，小米特地将这100个种子用户的ID，写到了开机画面上以表达谢意，这100个用户被小米亲切地称为“100个梦想的赞助商”，还以此为题材专门拍成微电影。

被称为“100个梦想的赞助商”的小米第一批种子用户

这 100 人成为小米社群的起点！这 100 人对于公司的意义，完全等同于阿里巴巴在美国上市时，马云邀请在纳斯达克敲钟的 8 个网商。

小米选择种子用户的过程，对我们有什么启发呢？

种子用户，顾名思义，就是“播了种，可以发芽”的用户，具备成长为参天大树的潜力。

种子用户可以凭借自己的影响力，吸引更多目标用户，是有利于培养产品氛围的第一批用户。

要理解种子用户，需要明确以下几点：

第一，种子用户不等于初始用户；

第二，种子用户的质量比数量重要；

第三，种子用户能够反馈产品建议。

现在，人人会讲，粉丝和粉丝经济。但是，真的可以做到雷军和马云对于粉丝，尤其是早期种子用户那样的感恩，还是不多的。这也就是马云之所以为马云，雷军之所以为雷军的缘由！

至于这个过程是如何实现的，本章第四节“最难受的冷启动”中，会有详细描述。

第三节　让你多些安全感的起点杠杆

马云的演讲，马化腾的文章，层出不穷的峰会，一环扣一环的项目路演，都让我们在创业的道路上，热血沸腾，跃跃欲试。

即使我们并没有用九要素的方法，在纸上画过“精益画布”这样的模式设计，但可以想到的是，一定有个类似的“商业模式”，时刻盘旋在我们的脑际，盘算在我们的心里。

商业模式有了，我们到底从哪里开始？或者，换个角度，我们到底应该做好怎样的准备才可以开始？

答案是：我们身边需要有一个关键时刻的关键人物。“精益画布”商业模式九宫格里有一个格，叫“策略伙伴”，大致就是这样的角色。

这个人，最好起码是个“腕”、是个“角”；如果，老天佑你，这个人还是个“大佬”，那则是更好！

他应该什么样子呢？

• 同行业里，上下游有协作关系的或相关行业中实力较强的；

• 我们的业务，他暂时没有，但是资源可以互换，业务可以配合，合作机会明确；

• 高度认同“成就别人，就是成就自己”或“先成就别人，后成就自己”的理念，愿意奖掖后进的；

• 价值观不偏离；

• 沟通顺畅。

“策略伙伴”可以和我们有什么关系呢？

• 可以是顾问；

• 可以是用户；

• 可以是股东；

• 可以是独立董事；

• 也可以是董事。

“策略伙伴”有什么作用？

• 项目早期，他的加入（不管以何种形式介入并参与）是对项目很大的认可，在大家四顾茫然时，这种认可具有极大价值；

• 棋到中盘，诡异多变，弈者如履薄冰，困难凶险，往往此起彼伏；有这样的策略伙伴，在有些坎迈不过去的时候，我们可以多一条生路；

• 由于早期引入“策略伙伴”是源于业务合作的考虑，他自然是行家里手！所以，企业运营的整个过程中，他是可以深入介入的，另外，他在公司的角色是完全可以根据发展需要择机转换的，那时，我们可以多一条退路！

配合得当，运用得好的话，“策略伙伴”往往就是你的壁垒、你的护城河，就是你的金主和恩公。

目前在中国，互联网江湖最大的山头是BAT，最大的“策略伙伴”自然是马云、马化腾和李彦宏了，这是谁也绕不过去的。

所以，“快的”要拉上马云，“滴滴”要与马化腾合作，Uber（优步）要绑定腾讯。

举个我自己的例子，我第一次创业的项目叫“荐药网”，主营业务是为中国连锁药房提供基于网络的在线培训，帮助药房店员提高药学服务能力，最后提高连锁药房的人效和平效。

公司成立之初，就有幸得到了鼎晖的天使轮注资，但是，我们还是很缺乏医药行业的资源。

经朋友引荐，我认识了国内最大的医生在线教育平台——好医生的创始人高瞻，经过深入沟通，很快达成了邀请他作为策略性股东投资入股的协议。

“好医生”首页页面

我们来分析一下，这个起点杠杆的形成：

我们之前主要的收入来源，都是强生、辉瑞、云南白药、中美史克等大型制药企业。不同之处在于，“好医生”主攻医院和医生，是走处方药一路；我们主要针对连锁药房和店员，是走非处方药 OTC 一线，两个渠道完全不同。但是合在一起的话，可以给制药企业提供整体解决方案，全面覆盖医生和店员群体，最终影响药品对于消费者的销售。

所以，我们两个企业的资源、业务方向和而不同，高度共享！

那时“好医生”刚完成新一轮融资，需要开拓新的业务和市场。天时、地利、人和，样样正好！

作为创始人，尽管你在自己的企业内部可以说一不二，但你依旧需要“策略伙伴”。这是需要创业者时时刻刻自我反省的。

第四节　最要命的盈亏平衡点

从南到北，从东到西，从中国到东盟，从亚太到欧美，我见过太多失败的创业案例，常常心里感慨：创业生于梦想，也死于梦想！

第一句话，好理解。没有让我们心潮澎湃的梦想，没有让我们血脉贲张的愿景，我们不会开始如此艰辛的创业之旅！

而第二句话的意思是，这个梦想的照耀、热钱的烧灼，带来的最大问题是，业务拓展与现金流的收支进出不能时刻匹配，导致资金流断裂，公司崩溃，梦想止步于力有不逮之处。

所以，初创公司早期有两个最大的问题：

第一，将未经早期用户充分验证的商业模式，玩命地推到市场上去，收入与支出不匹配。

第二，现金流的管理失控。而盈亏平衡点就是初创公司早期现金流管理当中最核心、最重要，也是最要命的问题。这也是在各个初创项目的早期发展策略中唯一的一个财务要点。

盈亏平衡点是指公司总收入与总成本正好相等的那一点；是公司的生命点、安全边界；这个点之上，是盈利区域、安全区域；这个点之下，是亏损区域、危险区域。

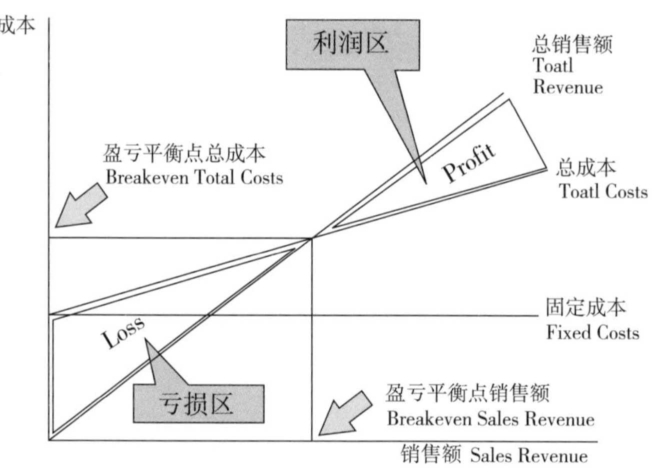

盈亏平衡点的图示

作为初创企业的CEO，我们需要尽快懂得“盈亏平衡点”的概念和含义，尽快确定“盈亏平衡点”的收入金额，同时，尽最大的努力，寻找到最合适的路径，在最短时间内，让公司的营收处于“盈亏平衡点”之上，让公司的运营处于安全的区域。

现金流来源的结构问题也同样重要，早期初创公司的现金来源，无非以下三个渠道：投资、贷款、销售收入。

其中，哪种现金最最重要，最好用，最让创始人终日里魂牵梦绕、魂不守舍呢?

投资，是要出让公司股权的，是要增加众多公司治理方面的问题的，听起来就是比较麻烦的；贷款，是要还的，而且，还会让公司陷入现金流困境，无法偿还贷款甚至会成为公司倒闭的首要原因。

所以，来自于用户的销售收入是最简单的现金流来源。而且，它最直接地验证了用户对你产品和服务的认可，而不是你的自娱自乐，不是你自以为是的“伪需求”和“伪命题”。

作为创业者，我们最大的迷失，往往是一开始认定的愿景，其实都是我们的迷思，都是我们的一厢情愿！我们自以为慧眼独具，看到了别人没有看到的新的商业机会，看到了未来的发展趋势，看到了风口，但是，最后的结果，很遗憾的是往往看错了。

关于公司早期的现金流问题，有以下两点基本建议：

第一，第一年努力控制现金流余额为正，在盈亏平衡点上的500万元收入，远远好过收入1000万元的同时现金流缺口300万元。第一年，用来打磨产品、验证模式、磨合团队，已经是很好的状态了。

第二，永远将公司的现金储备，在已经匹配全年预算的情况下，再放大一倍。

当然，对于那些有机会持续对外融资的公司而言，要想尽快跨越“盈亏平衡点”，众筹是可以提供最具革命性和操作性的解决方案。因为，在一开始就可以将众筹金额设置在“盈亏平衡点”之上。众筹金额是现金，是用户预付的消费额，是预收的营业收入。杨勇的“三年不倒闭”法则，就是以这个为基础的。

第五节　最难受的冷启动

对于初创公司而言，尽管已经亮出了公司的价值主张，和自认为可以给用户带来的独特的产品价值体验，但是，刚开始时，产品和用户连个影子都没有。就好像尽管我们已经在高地上插好了猎猎飞扬的大旗，但是，四周光秃秃的，除了怪石嶙峋、杂草丛生之外，什么都没有。

描述需要同步开发产品和用户这件事，有个数据挖掘领域内的专业术语叫“冷启动”。冷飕飕的，好形象！

没钱、没流量、没用户，怎么迅速找到种子用户，帮助完成产品的迭代？

种子用户有以下三层含义：第一，种子用户不等于初始用户；第二，种子用户的质量比数量重要；第三，种子用户能够反馈产品建议。

种子用户确实像种子一样孕育着希望，同时，从其中裂变出的其他种子也具有成长为参天大树的可能性。

第一批种子用户的获取，是“又脏又累”的活儿，但同时又是性命攸关的重大事件。

我们还是延用小米第一批100个种子用户的开发过程做深入分析：

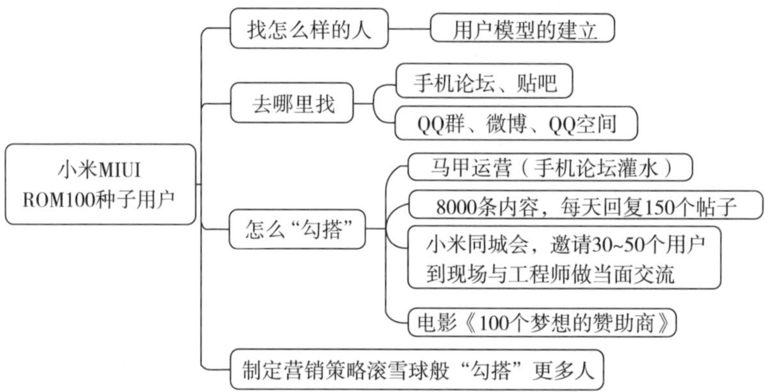

小米是如何寻找100个种子用户的？任何产品的冷启动，都离不开这五个步骤：

- 明确种子用户是哪些人？
- 快速找到极具影响力的用户；
- 找到骨灰级用户经常出没的地方；
- 与资深用户建立关系，进而制定营销与传播策略；
- 成功“勾搭”用户，完成产品的冷启动。

一、明确种子用户是哪些人

在我们开始寻找用户之前，要有大致的用户画像，用户画像指的是，你的产品是什么人用？在什么时候和什么地方用？这些用户的基本属性，比如年龄、职业、爱好等，都是什么？

小米的用户画像，应该是这个样子的——

对象：25～35岁，经济独立，处于事业上升期，接受新事物能力强。

场景：家里、公司、公交车、地铁等。

偏好：手机发烧友，对手机作为工具使用的偏好。

二、快速找到极具影响力的用户

所谓的目标用户并不是产品的核心用户，第一批种子用户需要我们在千千万万的目标用户中找到最核心的人。比如小米是做手机的，他们要找的不是一般用手机的人，而是手机发烧友，不仅仅把手机当成通信工具，很乐于研究手机里的每一个应用程序。

三、找到骨灰级用户经常出没的地方

手机发烧友，通常都是手机论坛以及各种QQ群、QQ空间，微博等比较大的社交平台的资深用户。当时为了找到核心的用户，小米联合创始人黎万强和研发团队，埋伏在手机论坛里不停地发帖、回帖。

四、与资深用户建立关系，进而制定营销与传播策略

小米联合创始人和整个产品的研发团队，通过不断和坛友互动，回答坛友的问题，发表关于小米的帖子，持续性地做互动，一个一个地把核心用户挖了出来。利用微博这个大平台，制造话题，炒热产品，比如推出“转发微博，赢取小米手机或者精美礼品”等诱惑力极大的活动。

五、成功“勾搭”用户，完成产品的冷启动

从论坛、BBS、QQ群等挖掘用户，挖到了100个种子用户，这100个优质种子用户的持续裂变，为小米带来源源不断的后续用户，一直到现在上亿级别的用户。

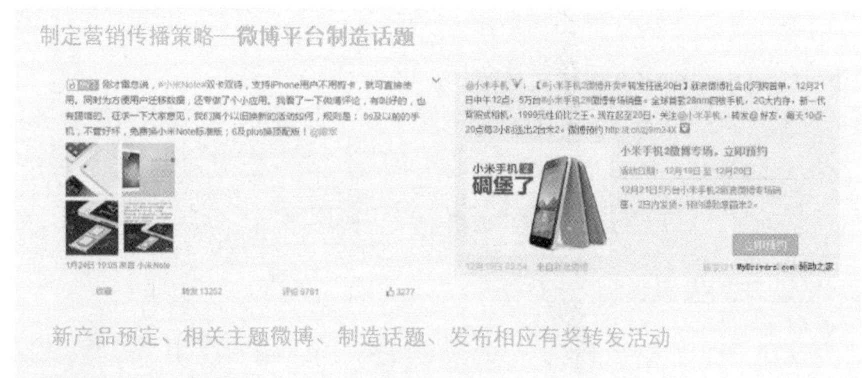

话题制造策略

第六节　梦之队，你有吗？

终于要谈谈团队问题了，这是创业的首要问题。人和事，要匹配，人和剑，要合一！

尽管社群、爆品、O2O、互联网＋、商业模式、资本、场景电商，都是十分重要的要素，但是，项目与团队的匹配，是项目能否成功最重要的因素。

e 代洗就是一个成功的特别案例。

2013 年，张荣耀创建了 O2O 在线洗护平台 e 袋洗，陆文勇以创始合伙人身份加入并担任 CEO。

e袋洗董事长张荣耀

2015 年 4 月 25 日，单日订单量突破 10 万单，创造了洗衣行业史上新纪录。已开通 30 余个城市服务，拥有千万级用户，用户使用量位居全国榜首。业务线已从洗衣服务拓展到洗鞋服务、高端皮具服饰养护和奢侈品洗护等。

e 袋洗公司先后获得百度、腾讯、经纬、SIG 的投资，估值近 10 亿美元，并完成 B 轮融资。

2014 年，O2O 是资本市场最大的投资热点，也是最惨烈的攻坚战，轰轰烈烈的社区 O2O 大战，最后胜出的，却是弯道超车的 e 袋洗。

O2O 创业的狂飙激进从 2015 年下半年开始趋冷，一大批我们听过和没听过的项目不是死掉了，就是赖活着。当然，外卖领域还是如火如荼，满大街都是百度、美团和饿了么三家的外卖小哥。

除了餐饮外卖，仍存活的O2O服务还有上门洗衣，e袋洗则是其中的代表。

2016年4月20日，e袋洗创始人兼董事长张荣耀在一个论坛上表示："e袋洗已率先实现正边际利润。"在靠烧钱、补贴、圈流量和用户的O2O领域，能活下来已实属不易，能盈利的更是凤毛麟角。

e袋洗总经理陆文勇

既然已经有了如此靓丽的经营结果，坊间对于e袋洗的分析自然很多、很透彻了，我们在这里，要强调的是e袋洗搭档的黄金组合。

稍微熟悉e袋洗的人都知道，e袋洗是在荣昌洗衣这家20多年的连锁洗衣老品牌基础上发展而来，而陆文勇则是受张荣耀董事长邀请一起创业，做e袋洗这个O2O洗衣新业务的。张荣耀董事长对陆文勇的唯一要求，就是用e袋洗把洗衣服这件事情彻底互联网化，对于一位非常传统行业中的传统企业家来说，有这样的洞见，是非常不容易的。

陆文勇来自江苏泰州，1987年出生的他觉得创业是"实现自己理想和改变生活的一个最佳途径"。他创过业，但算不上成功，和几个小伙伴创立的团购网站24券网，最终倒在"千团大战"的厮杀中，尔后他进入百度，负责LBS相关的地图、团购优惠等业务，互联网基因深植其血液之中。

张荣耀和陆文勇配合，做出了业界全新概念、最彻底的互联网洗衣模式：

- 通过移动终端（微信、App）下单；
- 99元一个标准洗衣袋，衣服任意装；
- 社区大妈的众包上门服务；
- 通过对生活场景再造，构筑"人的生活场景"，强化e袋洗的服务，与场景和人的情感链接；
- 与携程、小红书、腾讯视频进行品牌场景合作，以及平均每两周一次的电影营销；

- 将曾经的竞争对手门店，变成合作伙伴。

e 代洗这一对新老搭档给我们的主要启发有：

第一，移动互联时代，团队成员最需要强化的是：互联网思维、能力和操作经验。

第二，与其自己很辛苦地学习互联网思维和知识，成长的速度还可能远赶不上同行和对手的速度，不如尽一切可能地寻求外援，寻求新的团队成员。这是在团队建设方面，二次创业的转型企业家特别要注意的关键问题。

张荣耀够老，陆文勇够新！

第七节　精益创业

说到商业模式的实现路径，“精益创业”一定是一个绕不过去的话题。如果用一句话来表达“精益创业”的思想，应该是“你的愿景不重要，最快速、最低成本地找到市场需求最重要”。它最核心的概念是假设——价值假设和增长假设。所谓价值假设，是你做的这件事有价值；增长假设，是在没有推广的情况下，它也能够自然成长。

用什么来验证假设呢？它给的工具是 MVP，即最小可行产品，这个词讲的是，一个产品带给用户最基本的功能，是去掉了 99% 之后，用户仍然愿意使用的 1%，这剩下的 1% 可以理解为，最精确地满足了用户最基本的需要。

这个 1%，足够小，是用户最需要的，所以，也会足够锋利，才可以像匕首一样切入细分市场。

市场上最流行的产品的 MVP 是什么？

微信：短信神器，最早的基本功能，就是发短信，不要再付一毛钱；

凯叔讲故事：哄睡神器。

在一个未知的世界里面，你该怎么办？要先行动，用 MVP 获得一个数据，然后进行反思，获得认知。行动本身不是目的，它是手段，是为了获得认知。

精益创业不是为了省钱，是为了更快。

少犯错误，就是捷径！

精益创业，并不只是适合互联网公司，它其实适合所有的公司，只要你面临着不确定性。

精益创业是为了做大事，千万别把精益创业仅仅看成是工具和技巧，它是新的方法论、新的思维方式。

相信胡适先生倡导的“大胆假设、小心求证”。这是和众筹的理念是一脉相承的。换言之，众筹也是实现“精益创业”的最佳路径之一。

对于商业模式的实现路径，众筹和“精益创业”的重要性和现实性，是怎么强调都不过分的。

第九章　众筹方法论

以爆品为先导，以社群为主体，以终为始，众筹完全颠覆了以往的商业思维与运营体系，是双创时代最高效的成功方法和最安全的落地神器。

核心问题

1. 众筹和集资、募股有什么区别？
2. 到底如何做众筹？
3. 这么多的众筹平台，我到底上哪个最合适？

标签

众筹四大属性

成功募资五要素

平台众筹

社群众筹

案例

和我一起上中欧

第一节 众筹的四大属性

众筹已经不是新名词，也不是什么新现象了。何谓“众筹”，从项目发起方角度，叫做**社交性融资**；从项目支持方角度，叫做**消费性投资**。

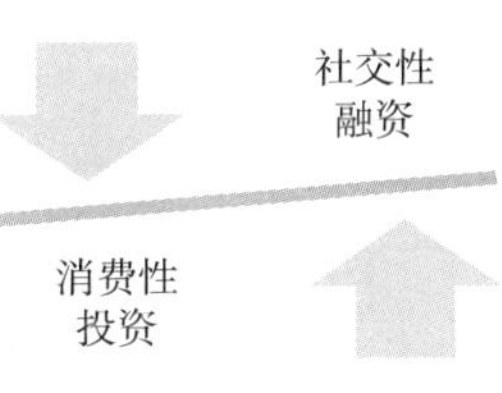

内生需求、参与感、社交性、去中心化，是众筹的四大属性。

一、内生需求

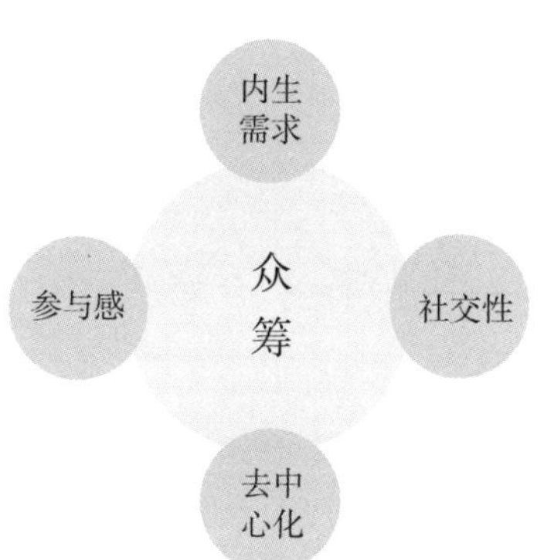

类似“50个美女众筹开咖啡店”的案例层出不穷，在“众筹”一词已经泛滥到只要是招商，只要是集资，只要是筹个什么东西，都是“众筹”的情况下，大家最漠视、最不理解、最容易忽略的一点就是：

参与众筹的人，首先是对于众筹项目提供的产品和服务，是有真实的使用需要的！

他们首先是用户，以此为基础，才会有真实体验，才会有喜爱，才会对外推荐分享，才会有可能、有需要最终发展到用户、股东和业务员的三位一体。

众筹，最重要图的不是财务回报！

首先图的是我要吃的、喝的、玩的，是乐趣，是尝鲜、尝新的体验和快感，是助人成就的公益心，所以，这也是世界所有一线的众筹平台只专注于产品回馈型的众筹业务，而没有开展股权众筹业务最主要的原因。因为，这两种业务所针对的用户，完全是“感性”和“理性”两种截然不同的人。

这是众筹最本质的属性，也是捕捉众筹项目卖点和设计回报项时，最需要着力的重点。

二、参与感

“我们是一伙”的参与感，往往是许多众筹项目从“众筹成功”可以走到“成功众筹”的关键。

比如，具有类似创始股东的“项目共建人”机会的众筹项目的募资金额，有可能是没有“项目共建人”的项目的 4 ~5 倍。

许多人一生多少都会有“开个小店”的念头，但是，事实上真正付诸行动的人少之又少。

然而，在一个自己和它“相看两不厌”的项目上，投资 5 万元左右而成为“项目共建人”，从而感受创始股东的经营进程与喜怒哀乐，还是很过瘾的，也多少圆了自己“开个小店”的梦。

2016 年 5 月，夏雨清在“开始众筹”上领一时风气之先的民宿项目“茑舍”，完工后进行内测，出资 65000 元的多名共建人，不惜长途跋涉，从河北、河南等地，驱车 1000 多公里，来到浙江松阳，就是为了来体验一下“我在松阳，有间小屋”的参与感，我们是共建人，我们是一伙的！

三、社交性

如前所述，众筹被称为“社交性融资”，是通过社交的方式，达到融资的目的。

所以，社交性贯穿于众筹前、众筹中和众筹后的整个过程，而且，众筹与社群是互为因果的，而社交正是有机地让两者互动、互通起来的关键。

“开始众筹”对于平台上线的每个项目，都要求项目发起人建群，同时要求发起人本人，每天必须在群里和支持者积极沟通和频繁互动。

四、去中心化

在我国台湾地区，众筹又被称作“群众募资”，“群众”的“众”字是关键，众筹真正实现了“取之于民，用之于民”，所以，去掉中心，努力创造人人平等的氛围和机制，发挥每个人的积极性和参与感，是项目的起点、进程和终点。众筹与社群，互为因果，互相造就，去中心化是关键。

真正深入理解这四大属性，对于短期的众筹成功，乃至长期的成功众筹，是至关重要的。

第二节　成功募资五要素

从项目的发起方的角度来想想，众筹有多好，产品还没有，别人就已经先给了钱。

从项目支持方看来，众筹又是一件多难的事？东西还没有，就要我们先掏钱了？

所以，众筹是一件很不好做的事情，它对于项目卖点的深入挖掘和持续优化，对于支持者回报项的设身处地、将心比心的精心设计，对于赌上项目发起人的个人信用背书，要求都是很高的。

众筹项目成功募资应具备以下五大要素：

- 完善的市场调研；
- 打破常规的产品和服务（爆品）；
- 拥有特定的“粉丝”（种子用户）；
- 精心制作的宣传推广方式与资料（社交网络、视频）；
- 令人振奋的投资者回报。

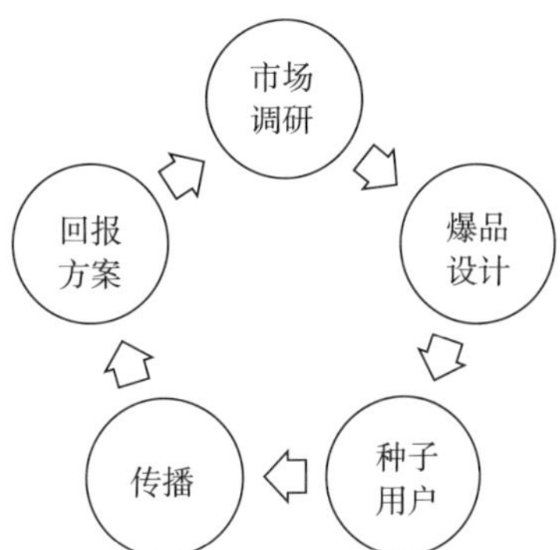

一、完善的市场调研

不用兴师动众地做多少访谈，也不用系统地做多少研究，只要我们把自己作为第一个用户，设身处地来看看，来想想，来感受，我们身边到底还有哪些用户的细微而强烈的需求还没有被满足，比如：

- 半夜起床泡奶
- 插座的节电管理
- 需要同时处理甲醛和 PM2.5 的空气净化器

二、打破常规的产品和服务

众筹是需要用户先付钱，这何其难！所以，打破常规是对产品最低的要求，这个产品一定要用爆品思维去打造。

非爆品，不众筹。

三、拥有特定的“粉丝”群

众筹是社交性融资，社群和粉丝是基础，最铁的粉丝应该成为最早的种子用户，贡献大约25%左右的众筹资金。

在我们参与的许多众筹项目里，最后完成的参与人数里面，熟人与陌生人的大致占比为3∶7。

所以，牢牢抓住你的核心粉丝，他们是你的原点，是你的基础。紧紧依靠这个30%，可以带来剩下的70%，成就大业。

四、精心制作的宣传推广方式与资料

“开始众筹”创意独具的构思、真人秀般的强烈代入感、完整的个人与项目的故事，都是精心制作的；有视频的项目，募资金额会比没有视频的高出160%。

推广就是营销，应与募资同步完成。

五、令人振奋的支持者回报

千万注意，这个支持者回报不是财务性的，而是消费性的。

对于支持者而言，最主要的就是一次有创意的消费，走心的、动人的、特别的、超乎想象和期待的、值得回味的，这才是他们最期待的回报！

以下是一个非常有创意的案例：**和我一起上中欧。**

李善友是酷6的创始人，酷6是第一个登陆美国纳斯达克的中国视频门户网站。后来，酷6被盛大网络收购，被私有化。

刚开始时，“蜜月期”的李善友和盛大老板陈天桥说了许多暖心的话。后来，他们在发展战略上出现了很大的分歧，李善友一言不合就出走，友谊的小船说翻就翻了。

经历过辉煌和挫败，李善友告别了并不让他感到快乐的创业生涯；走进中欧，他终于进入了个人价值最大化并深感满足的人生阶段。

李善友被聘为创业学兼职教授，基于自身的创业实战背景，他在中欧推出的第一个项目是中欧创业营，在课程设置、教师选择、教学教法与教学管理等各个方面，他都呈现出非常与众不同的特质。

“众筹学费”是李善友给新学员们布置的第一个实践任务，学员们需要运用互联网思维来为自己筹集学费：既然你鼓吹或者希望鼓吹自己是“互联网思维的信徒”，你有没有拿得出手的实践？你能不能尽可能大地影响你所在的社群？

中欧创业营学员招生最“神奇”的要求是，学员不能自己交学费，而是要先通过各种互联网工具众筹 8 万元学费，同时一并出示各种费用的众筹凭证方可报名。

8 万元，再有钱，也不能自己付，必须要请别人帮你付，让亲朋好友付吗？可以的，但是有一点，不能仅凭我们是亲朋好友，我喜欢你，这样不可以，一定要设计出对于出资人有可衡量的商业价值的回报方案。

怎么办？打开脑洞！我出钱让你去上中欧创业营，你能给我哪些有商业价值的回报呢？

乍一看，这个项目很离奇、很高冷，但是一旦众筹成功的话，绝对很经典，可以令人真正领悟众筹的精髓！

学员们对于回报项的设计，大致有以下这些答案：

第一，毕业后，给你打三年工。这需要过一年才能兑现，而且，不希望 8 万元只是一个人出资；

第二，给你听课程的录音。课上录音，牵涉到知识产权的问题，应当是被禁止的，所以这个回报项没有保障；

第三，帮你介绍班上同学，拓展人脉。这个有点吸引力，但是对象不明确；

第四，我学成毕业后更好地与你合作，让你赚更多的钱。可是，谁能保证你毕业后赚钱能力一定能同步上升？

只有一样是真正有吸引力、独特的，同时，又是具有可衡量的商业价值且易于实施的：**用邮件或微信群的方式分享我的学习笔记。**

我的承诺与回报

套餐A（名额不限）　支持68元
---我会将您加入我的微信号并跟你分享中欧学习经验和体会。
---我将在微信中跟您分享见闻及花絮。
---您将获得聚合数据VIP卡一张，调用聚合数据接口全线9折。
---您将获得聚合数据开发者大会或聚合数据主办沙龙活动门票一张。

套餐B（名额不限）　支持158元
---我将以邮件形式跟您分享我的学习笔记，读书心得（请备注你的邮箱）
---我会将您加入我的微信号并跟你分享经验和体会。
---我将在微信中跟您分享见闻及花絮。
---您将获得聚合数据VIP卡一张，调用聚合数据接口全线9折。
---您将获得聚合数据开发者大会门票一张及纪念品一份。

套餐C（名额不限）　支持1888元
---我将以邮件形式跟您分享我的学习笔记，读书心得（请备注您的邮箱）
---我会将您加入我的微信号并跟您分享经验和体会。
---我将在微信中跟您分享见闻及花絮。
---我将在北京举办一次众筹好友答谢午餐会，
和大家一起吃饭聊聊天，和大家一起畅谈创业、管理、营销等各种话题。
---您将获得聚合数据VIP卡一张，调用聚合数据接口全线85折。
---您将获得聚合数据开发者大会晚宴券一张及纪念品一份。

套餐D（名额不限）　支持3888元
---我将以邮件形式跟您分享我的学习笔记，读书心得（请备注您的邮箱）
---我会将您加入我的微信号并跟您分享经验和体会。
---我将在微信中跟您分享见闻及花絮。
---我将跟您共进晚餐，时间2个小时，期间话题由您挑选，
在哪吃，吃什么也由您来定我会将我的一些经历和心得与您进行面对面的分享
---您将获得聚合VIP卡一张，调用聚合数据接口全线8折。
---您将获得聚合数据开发者大会晚宴券两张及纪念品两份。

VIP套餐（仅限3名）　支持38888元
---三陪一天，共学，共玩，共劳动，不犯法不伤及第三方，
不违背伦常不涉及金钱，在以上范围内，具体的安排由您确定。
---您将获得永久聚合数据VIP，调用聚合数据接口全线8折。
---您将获得在聚合数据免费定制数据服务一年。
---您可以第一时间参加由聚合数据主办的线下所有活动。

客服电话：0512-62391880
作息时间：9:30—18:00

“一起上中欧创业营”的回报项

对于项目发起人而言，学习笔记本来就是必做的，而把个人的学习笔记作为回报项，不仅可以筹到学费，同时还可以使我自己好好上课，好好做笔记。

对于项目支持者而言，只要出资 158 元以上，就可以看到学员在中欧创业营为期一年的笔记和学习心得，绝对是物超所值，是多么有创意的消费啊！

这样一来，双方各取所需，情投意合，众筹总金额达到了 27 万元，是目标金额的 3 倍还多。

这是我所看到的最有创意的众筹项目之一。

“一起上中欧创业营”众筹网页

所以，只要挖掘出项目的独特点、稀缺性和对于用户的价值点，只要设计好给出资者的回报项，万物可筹。这个最好地验证互联网思维是否有效的实证方法和独特打法，造就了社群思维，成就了中欧创业营，也成就了李善友的知名度，并为李善友未来创立混沌大学奠定了坚实的基础。

第三节　实施众筹

有了筹资目标、众筹设想和众筹方案后，下一个核心问题是，在哪里进行众筹？

主要有平台众筹和社群众筹两个途径，平台众筹以京东、淘宝、苏宁三巨头为主；社群众筹，基于线上的第三方平台合作，一般花落“开始众筹”。

但是大量的、小额的、熟人圈的、社群式的众筹，通过线下的非平台化的朋友圈一样可以完成，还是“中国式众筹”最能发挥效用！

第四节　众筹的下一个风口

一、社群众筹的异军突起

以京东众筹和开始众筹为代表的众筹平台独领风骚、蔚为大观，众筹在中国则走过了波澜壮阔的上半场，然而，众筹的下半场是怎样的呢？众筹的下一个风口又在哪里呢？

答案是：社群众筹！

对于中国人而言，众筹虽然是个舶来品，但它在中国落地后便迅速地衍化出京东众筹、开始众筹等众筹平台。然而，主要基于人脉和社交的社群众筹绝对是中国的特有品种，套用“吴声体”专有术语，它就是众筹行业的“新物种”！

我们中国人可能是世界上最爱社交、最爱热闹的民族了，我们伟大的祖国幅员辽阔、我们56个民族的大家庭不负盛名，我们人多，我们要啥有啥！我们喜新求变，我们热爱所有的新鲜事物，我们既不辜负美女和美食，也不辜负美景和美文，我们爱热闹，爱聚会，爱嚷嚷！我们在网络虚拟天地里热情四溢，我们在线下的现实世界中激动亢奋，一旦我们心中的热情乃至激情，被某种“集体认同感”或“社群属性”点燃，我们就会击鼓传花，高歌猛进，乐此不疲！

在社群众筹这个社交王国里，既有一见如故的惊讶和意外，也有茫茫人海中久别重逢的狂喜和感慨，在这里，非常容易对眼，也非常容易找到某种莫名其妙的认同感，只要有了这样的认同感，我们绝不“白头如新”，我们马上“倾盖如故”！

作为最富社交属性的众筹新物种，社群众筹在中国有着最天然的土壤和最理想的市场氛围。

我们知道，众筹也被称为“社交性融资”。尽管从最早的 Kickstarter“回馈式众筹”开始，到最新的 Patreon“订阅式众筹”，每一波众筹业务，均强调社群建设和运行在众筹全过程中的重要性，但最大限度地将这个策略和技巧付诸实施，并取得奇效的，也只有社群众筹的项目了。

众筹平台的缘起，流量是基础，众筹成功与否，流量大小为最根本的基础，而流量的获取，则无外乎来自于京东、淘宝和苏宁的电商平台和开始众筹等众筹平台。

京东将既有的庞大电商流量导入众筹，开始众筹则最大程度地借助 20 个微信公众号矩阵，很快将同样属性的一般读者变成狂热的粉丝，变成可以导向众筹项目的最可贵的流量。

下面，让我们来仔细比较一下“老成”的平台众筹和“新锐”的社群众筹的异同。

平台众筹，首先拼的是流量和公信力，它以募资金额的实现为主要目标，专注于产品和项目的自身品质，主要是由“产品驱动”，拼的是“美感度”。而社群众筹，拼的是个人信用背书和社交圈，真正实现了金钱、人脉和资源的募集和完美结合，而且，众筹过程中，社群众筹将流量、推广和交易一次性同步完成，效率堪称最高，它专注于个人的人脉社交和信用，专注于事件本身和事件给人带来的感受，尤其是“极致体验”，主要由“社群驱动”，拼的是“温度”。

有趋势洞察，有商业判断，有现实实践，作为“新物种”的社群众筹有可能日渐成熟，日趋壮大，并成为一种新的潮流吗？

众所周知，众筹平台上最大募资金额的单个项目是突破 1 亿元的无人机 PowerEgg，社群众筹项目有可能也做这么大或更大吗？

二、“社群众筹”成功的十大方法

总部设于上海世博会园区意大利中心四楼的同筹网，成立不过 2 年，刚开始的核心业务也是平台化的众筹。然而，同筹网既无京东那样的天然电商流量，也没有开始众筹可以很短时间内聚流的媒体基因，其流量的天然匮乏导致早期项目进展和公司盈利并不顺利。

在偶然地参与野外的民宿众筹之后，同筹网创始人赵超不经意地进入了户外活动领域，2016 年 5 月，他决定发起中国企业家徒步联盟，用“社群众筹”的方式，召集各界企业家精英重走戈壁之路。

自从 2006 年央视记者曲向东首创“玄奘之路”活动之后，戈壁徒步已经成为中国 EMBA 在读人士挑战自我的必修课，他们在朋友圈因此多少有点自得的炫耀。所以，赵超组织的这件事本身，并无多少新意，但是，这次重走隔壁活动与之前的徒步活动的最大不同在于：每个参与者 12800 元的报名费，不能由自己支付，而必须通过众筹来筹资。这项众筹通过一个基于微信端的小程序来完成，通过不断地线上链接发送、推广，并同步完成交易，过程中持续产生不断往外的裂变，最大程度地发挥了社群经济的威力。

活动创意的灵感来自李善友开设“中欧创业营”的学费众筹案例；它既是模仿，也是尝试，更是创新，从而，赵超进入了社群众筹的崭新天地。

相比较“玄奘之路”以“做产品”为主的思路，专注于产品本身；赵超的思路是“做平台”，专注于资源的整合与持续裂变。

在持续发起并完成了三届的“丝绸之路中国企业家户外徒步联盟精英挑战赛”，特别是第三届“千人走戈壁”之后，在持续聚集并分析了庞大的后台大数据之后，赵超对于社群众筹的认识，对于规划实施过程中各种规律和技巧的总结和探寻，达到了一个崭新的高度：

第一，最佳筹资金额：8000 元～12000 元是最合适的筹资金额，10000 元以下的话，没有挑战，12000 元以上的金额，又容易让人产生畏惧心理，望而却步。

第二，关于最佳筹资期限：21 天

第三，最佳朋友圈众筹时段：上午 11：00－13：00、晚上 21：00－23：00。

第四，最佳的扩散范围：1 人可以影响 20 人。另外，只要回报项设计得好、推广得力，最多可以达到 5 次众筹成功。

第五，最佳众筹对象：关系好的（认可人）、认可度高的（认可事），其中会有 1/3 的陌生人（产生裂变效应）。

对酒当歌，人生几何！俯视着黄浦江的无敌江景，我和赵超一起总结了社群众筹成功的十大方法：

第一，社群众筹主要靠的是自身的信用背书，徒友参与众筹之后的积极意义，在于个人信用的日常维护和加持，这非常重要；

第二，在众筹过程中，激发对方的爱心和公益心，或让众筹与公益相结合，直接捐一部分的钱给公益组织，也是同样重要的，这会使人们乐意帮助你实现梦想；

第三，线下的社交场合对于顺利众筹是个十分重要的技巧，在线下组织聚会，请在场的朋友支持你的众筹项目，并马上在各自的朋友圈转发；

第四，结合自身的产品和服务设置回报项，既让你和支持你的朋友两不相欠，又巧妙地推广了自己的产品和服务，实现良性循环，最值得反复多次使用；

第五，搏“众筹人气王”，将重点从众筹金额转到众筹人数，将回报项设置成类似 8.8 元的小金额，最后达成支持人数过千人的人气效果；

第六，进行有效精准的沟通，先仔细筛选人群，定向沟通，可以达成高达 50% 的成功率，远超一般的 10% 成功率；

第七，仔细设计最早出现的支持数字，对于之后的支持者，有很大的引导和示范作用；

第八，众筹宣言很重要，清晰、明确、具体的叙述，更容易让支持者从心动马上转为行动！

第九，选择有活跃度的微信群，尽收事半功倍之效，如交大 PE 班，黑马营等；

第十，进行持续有效的进度播报，直至众筹成功，鸣金收兵！

每当徒步走完敦煌戈壁沙漠、云南茶马古道、三亚热带雨林，志得意满，载誉归来，人们会长时间地沉浸在挑战自我后的亢奋里，沉浸在和徒友们生死之交的情意中，绽放在朋友圈里的点赞和推杯换盏里，每个人的传说都在江湖上流传。

但之后大潮退去，重归平静，我们应该再做什么呢？

我希望，社群众筹对于每一个参与者而言，具有三个层面的价值和运用空间：

第一，通过众筹完成活动报名费的募集，初尝社群众筹的威力；

第二，将社群众筹的思维和方法，巧妙地作为自身业务的转型利器，比如，将自己的产品和服务设置成给支持者的回报项，达到推广自己产品的目的，同时，发起人和支持者之间两不相欠，也使得社群众筹具有可持续运营的基础和前景；

第三，参与者自己的业务也发起众筹之后，大家互相支持，从而形成“众筹、社交和电商”的良好闭环和生态圈 ，形成“众筹社群”。这是具有旺盛的生命力和可持续投资的商业模式——社群众筹，是可以再造商业的。对于同筹网而言，这也是商业模式迭代优化的一个可能的新方向。

2017 年 7 月 5 日，牛文文的“创业黑马”通过证监会首发审批，以“社群经济第一股”的定位，昂首挺胸走在创业板 IPO 的大路上。

源于“徒步众筹”，但是，又绝不能止于“徒步众筹”，在赵超的构想中，带有孵化器功能的平台，是同筹网未来战略性的发展方向。赵超希望在未来可以用“社群众筹”的方式，孵化 100 个企业，而每家企业可以帮助 1000 人成功，如果每个人通过“社群众筹”可以达成融资目标 10000 元，总数就是 10 亿的总募资金额。

那么，社群众筹——众筹的下一个风口，也就不再只是一个判断、一个洞察和一句口号了，它会是一个活生生的现实，梦想的光芒真正照进了现实。

第十章　众筹成功的后续运营

众筹的实施，前置了企业转型中必需的“资本”和“互联网+”两大元素；完整导入“场景电商”和“社群电商”，还有资本市场的参与，就是众筹成功之后最重要的后续工作了。

核心问题

1. 我要做怎样的改造，才可能进行首轮对外融资？
2. 我要满足什么条件？，才能让公司在首轮融资的估值超过3000万元？
3. 我不知道什么是对外融资的最佳时点？
4. 我该如何写商业计划书，才可以提高融资的成功率？
5. 我该如何和风险投资基金打交道？
6. 投资协议里面的主要条款，我该重点抓哪些？
7. 对赌条款，我一定要同意吗？

标签

导入内容/社群/场景电商

导入资本市场

案例

72物候元气生活

美啦

亚朵

王家辉与Furmingo

第一节　导入新一代电商：场景电商、内容电商和社群电商

众筹成功后，第一批种子用户有了，第一批收入也有了，但是，兴奋之余，光有这“第一批”，肯定还是不够养活自己。

怎么办？继续卖！

怎么卖？当然离不开电商了，淘宝吗？

阿里巴巴 17 年，淘宝 13 年，中国经济最大的资产增值在于房地产，作为最基础的产业，它也持续抬高了附着在土地之上一切行业资产的价格，淘宝最博兴的 10 年，正好暗合了中国地产最迅疾升值的 10 年，阿里巴巴已经血洗了零售、商业地产、制造业，这是不争的事实！

然而，以“价格成本”为主要导向的策略和做法，同样反噬自己，“淘宝型”的流量电商和平台电商，也已经走到了尽头。

下一步，该是谁的机会？该是谁的天下呢？

下一波的商业逻辑和竞争策略，是个性化对抗标准化、价值感对抗价格战！具体商业形态体现为：内容电商、场景电商和社群电商。

一、内容电商“72 物候元气生活”

花小要，不太老的家庭主妇。十多年的媒体狗，前一档期正好失业了，而且刚好也不怎么差钱，于是一直埋藏在内心的理想主义情怀就直接生根发芽了。

花花大学也是学过几年历史的，所以能够看懂一些古书，具备这个基本条件之后，再加上她对中国传统文化满满的兴趣，最近五年一直在通过各种途径学医：拜师、上各种传奇老师的中医班、自学、自练，完全就是一个武侠的修炼史。

花花在公众号里说：我希望，这里有你想去的四季！文字优美，立意和价值主张十分明确。

72物候元气生活的手机界面

节物相继、花开有序，某种清寂淡和的旧生活，

“美啦”手机界面

它的魅力是现代生活里特别缺失的。当我们觉得无助、焦虑、痛苦的时候，最容易得到能量的途径不是鸡汤，是自然本身的力量。如果你懂得接收，自然和人是可以气息一致的。

二十四节气养生，可以算是中国最古老的养生智慧了。

美文开路，美食跟进，变现的是养生食材！

二、社群电商“美啦”

打开 App 首页，第一映入眼帘的，不再是淘宝、京东们上面硬邦邦的产品，而是达人、话题和活动，像一个我们身边很普通的邻家小妹，对你娓娓道来：

我是做自由撰稿人的，自由职业者，因为长期夜间伏案写作的工作习惯，我的脸部皮肤有色素沉着，等等，最后，我向你推荐我长期使用的欧莱雅的某款护肤产品。

不经意当中，你可以和这位邻家小妹互粉、对答、对眼，自然会交流产品、护肤、美容、工作乃至情感等话题。

沟通、卖货、一切都是润物细无声！

化妆品美容是个“话题产品”，既容易应对护肤美容刚需，又容易引出话题。

亚朵生活馆微商城手机界面

三、场景电商“亚朵”

移动互联时代，粉丝和社群取代了普通的客户概念，成为任何商业开始的源点，而空间则是产生真切体验和真实关系的最佳场所，也是形成社群乃至强化社群关系的最佳场合，线上传播的“快”和“广”，与线下体验的“真”和“深”，形成完整的闭环。

在这样的趋势下，餐厅、咖啡厅、会所、酒店、民宿等各种现实空间，既是一次消费的现场，又是可以兼做产品展现的陈列室，另外，还可以成为二次销售的开始，这构成场景电商的核心商业逻辑。

亚朵是国内第一批具有“社群感”和“空间感”，并规划实施场景化电商的企业。

亚朵首先是个酒店，同时也成为相关品牌的线下展示和体验空间，它的空间可以作为陈列室，分享给相关的合作品牌；比如，亚朵酒店的床垫、四件套等床上用品是与供应商合作定制的自有品牌“普兰特”，客人用过之后如果喜欢，便可扫码购买，其他洗护用品、茶具等许多体验式的商品，使用过后，客人如果喜欢的话，同样可以扫码购买。

内容电商、社群电商、场景电商，一定是流量电商后的新趋势、新商机、新方向！

第二节　导入资本市场

一、众筹是企业的第一轮对外融资

众筹的目的是什么？从简单到复杂，大致有以下这样三种情况：

第一，做一笔生意，一笔有创意的生意；

第二，做一个公司，众筹是第一步，核心是确认产品与用户需求是否匹配；

第三，做一个有资本价值的公司，众筹也是第一步，核心是确认产品与用户需求是否匹配的同时，还要确认产品与市场是否匹配，即商业模式的设计与实践。

在众筹的实际操作中，还要思考下面三个核心问题：

第一，对于初创项目，在众筹和风险投资之间，到底应该选哪个？

第二，众筹和风险投资的关系到底是什么？

第三，项目众筹成功后，后续应当做什么？

全球最知名的众筹网站 Kickstarter 上有一个众筹成功的 VR 眼镜项目 Oculus，成功筹款 240 万美元。之后，这家初创企业奇迹般地被 Facebook 以 20 亿美元的价格收购。这款众筹产品不仅颠覆人类视觉体验，而且是第一款消费级虚拟现实硬件产品，这个企

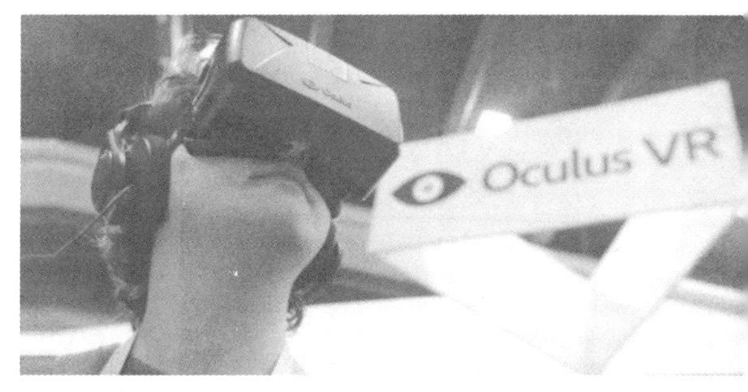

VR 眼镜项目 Oculus

业也成为众筹完成后市值最高的初创公司。

亿航 Ghost 无人机是迄今为止在 Indiegogo 上表现最好的来自中国的产品，众筹金额达到 86 万美元，公司随后获得了 1000 万美元以上的投资。

亿航 Ghost 无人机众筹页面

在创业项目早期，什么最痛苦？不确定性！最大的风险也就在于这些“不确定性”——

- 用户在哪里？不知道！
- 产品功能好不好？不知道！
- 价格合适不合适？不知道！
- 用户体验好不好？不知道！
- 用户是否愿意重复购买？不知道！
- 用户是否愿意向别人推荐？不知道！

以上统统不知道！而这些最基本的数据，就是天使轮或 A 轮 VC 最想知道，但又是最难知道的东西！

我们常讲，风险投资的投资进程中，天使轮看人，A 轮看数据，B 轮看收入，C 轮看利润，而做众筹基本上可采集到这些数据，以上问题也就都会有答案了。

众筹之后，企业会拥有：

- 首批收入
- 首批种子用户
- 首批运营数据
- 首批市场反应
- 初步的商业模式
- 协作默契的团队
- 初步满足用户需求的产品

有了这些数据后，后续的投资就容易得多，所以，众筹是接通资本市场最好的桥梁——**众筹可以帮你提前打通风险投资的通道，可以帮你提前进入天使轮或 A 轮融资阶段。在企业发展和对外融资的整个过程中，这是众筹的特别用处。因此，可以在天使轮之前，再添加一轮：众筹轮！**

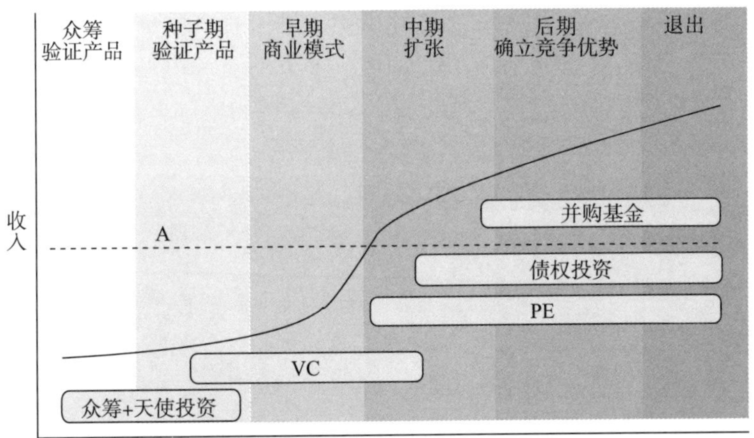

在企业早期融资中的“众筹轮”

二、东南亚第一互联网家装平台 Furmingo

遍布东南亚的华人聪明、勤奋、善于理财和经营，从 2015 年 8 月开始，我作为“众筹与资本”课程的主讲导师，到马来西亚为实践家教育集团授课，并做项目辅导和孵化，在那里第一次遇见了王家辉。之后我每月去马来西亚和新加坡一次，开设众筹工坊，希望在学员们自己企业的原有基础上，孵化出一些崭新的项目，王家辉和他的公司“多点设计”，就是其中成绩十分突出的一个。

我和王家辉讨论的核心策略，主要有两点：

第一，美国、中国和马来西亚的工业基础不好比较，但就互联网行业一般的意义而言，中国大约落后于美国 6～9个月，而马来西亚则落后于中国 3～4 年，所以，马来西亚企业“互联网＋”的模式创新，应该主要参考中国的模式，优化后复制到马来西亚可能更合适。

第二，任何项目开始时，在天使轮前一定先做一轮众筹，提前将公司建立在未来用户认可的基础之上，也将未来公司运营过程中所需要的各种行业资源（设计公司、代理商、供应商、行业推广公司等）提前锁定。

作者与王家辉的合影

从执行层面来看，我们的孵化历经了3个多月的往复。

第一步是先参考中国首个家居分享社交平台——“好好住”的模式。

“好好住”用户界面

第二步是深入研究后，发现了一个更合适的模式——土巴兔。

最后的结果就是经过3个多月的持续辅导，帮助王家辉将他以前一个只是做设计师品牌的家具公司，改造成了东南亚第一个以互联网为核心技术的家装平台公司——Furmingo。

土巴兔页面

Furmingo 界面

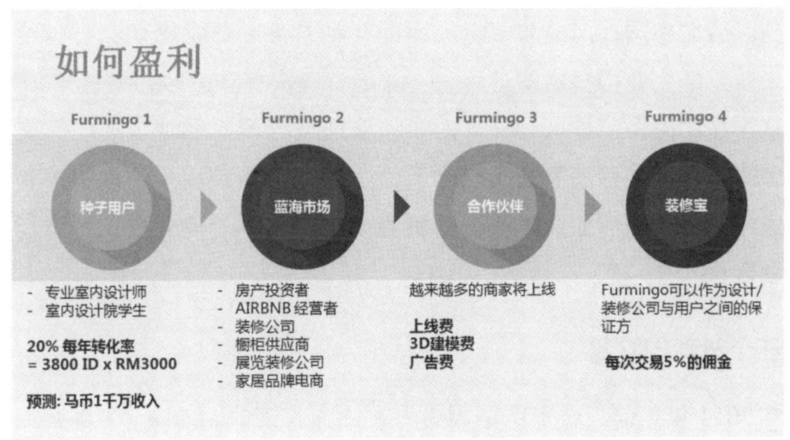

Furmingo 的商业模式

公司以 1100 万马币的估值，完成了 30 位股东，共 150 万马币的“众筹轮”招募。股东分三批：

第一批，是同学和朋友圈，大概 10 人，他们对创始人有天然的认可；

第二批，家装行业相关业者，壁纸商、家具商、建材商、室内设计师、室内设计杂志社，大约有 18 人；

第三批，是来自新加坡和文莱的 2 位企业主，他们非常希望借用 Furmingo 的技术与平台，帮助他们的公司开发自己国家的相关市场。

目前，Furmingo 正在进行业务正式投放前的各项准备工作：开发网站和 App、试点商品清单、业务流程梳理、试点区域确立，他们准备在 2017 年的3 月，开始天使轮的募资，估值 4000 万马币左右。

作为公司的创始股东，我负责公司的核心发展策略和在中国的业务拓展，主要是寻找产业投资和建材供应商，王家辉告诉我，马来西亚市场销售建材的 70% 是从中国进口的，在中国的上市公司里面，建材类有 71 家，其中有一半是有自己的产业投资部门或独立的投资公司的。

这是众筹轮完成后，完成后续的融资和业务规划，进入到更大、更开阔的市场，是我们马上要进行的工作。

尽管这个项目发源于马来西亚，但是下一步的拓展会在新加坡和文莱，再下一步会拓展到东盟其他国家。

这个项目目前规模不大，但是，从最早的项目创意和商业模式的设计，到以后与中国在产品和资金方面的互动，都会非常密切，可以给中国和马来西亚的企业很多启发。

基于在中国台湾地区、马来西亚和新加坡等国家和地区的广泛交流和实践，我认为，**在移动互联网时代下，这种类型的跨境合作是中国和东南亚国家深层合作的商业逻辑和崭新机会，主要集中于商业模式和市场的互动与融合！**

三、三个爸爸的众筹

在 2014 年之前，戴赛鹰是婷美内衣负责营销的副总裁，“做女人，挺好”这句广告语，估计也是他的杰作。

2014 年初，戴赛鹰选择跨界创业，与黑马营两位同学合伙，开始做互联网空气净化器品牌“三个爸爸”。

在不被看好的情况下，“三个爸爸”在 30 天内完成了 1100 万元的筹资额，创造了当时中国互联网众筹最高金额的纪录，“三个爸爸”的空气净化器一举成名，拿到高榕资本领投的 1000 万美元，并在后续的京东股权众筹中获得 100 位投资人的 2500 万元人民币投资。

戴赛鹰和“三个爸爸”空气净化器

试想，一个做内衣的营销副总，起初也没有过硬的产品设计和供应链的经验，更没有做过空气净化器这样的高科技产品，他靠什么一路顺风顺水步步高？是众筹帮他打通了从创业起步到对外融资和持续发展的通道。

2016 年 9 月 19 日，我帮戴赛鹰转发了 2016 年他要用 5000 万豪赌无管道新风市场招募城市合伙人的英雄帖，他要在新风市场挑战小米！

第十一章　众筹在双创中的下一个行动

双创行动已使中国成为全球最佳创业之国，而“众筹+”必将成为更加通用和实用的商业思维，继续向各行各业渗透。

核心问题

1. 除了孵化一些创意产品，众筹在创业中还有其他用途吗?

2. 智能硬件产品之后，还有哪个领域可以成为众筹下一轮的主战场?

标签

众筹+

产品孵化

公司孵化

案例

东方爱婴

天天生食

等路

千人走戈壁

第一节　从产品创新到公司孵化的众筹双创孵化体系

一、创新的顶层策略设计

创新的顶层策略设计，是可以通过以下要素，来进行商业重构的：

- 以“互联网+”的创新思维进行整体构思；
- C2B 用户定制；
- 确定社群战略；
- 以众筹战术展开；
- 强化回归线下实体店的 O2O；
- 实施场景/内容/社群电商。

二、从东方爱婴到“贾说”

我第一次结识贾军的时候，她就职于 IDG 公司。1998 年，我从上海出差去北京，再一次见到她时，她有点兴奋地告诉我，她已经从 IDG 辞职，开始创立自己的母婴护理公司。

东方爱婴创始人贾军

我满腹狐疑地随她到位于英东游泳馆附近的新办公室，看到她的公司一共就两间屋子，再加三四人的团队。当时，她新婚不久，团队的同事基本上都没结婚。我当时笑她：你看你一个还没有小孩的新婚妈妈，居然要带着一帮还是单身的小同事，做母婴护理的生意，是不是有点好笑啊？

那时的北京，已经是隆冬季节，冰冷刺骨，青春的热情是可以抵御一切寒冬的。历经 18 个春秋，贾军的公司已经发展成为中国母婴护理的第一品牌——东方爱婴。

2016 年春天，贾军得知我近年从事以“众筹”为主题的孵化投资业务之后，她和我聊起最近准备做的“贾说”——一款强 IP 的自媒体，兼具销售衍生育儿服务和产品平台功能，她希望“贾说”可以成为母婴护理细分领域中的“罗辑思维”或“吴晓波频道”。

贾军准备对此项目融资1000万元，我建议她，最好的方式是众筹500个共建人（主要享有类似股东的分红权），请每人出资2万元。其核心就是用众筹来进行创新的顶层策略设计，从而完成这个项目的商业重构：

- 公司重新进行的顶层设计；
- 形成一个更有效的体系（消费、营销），而不是多几个一般的股东；
- 大大增加了线上社群与线下门店的紧密程度；
- 大大增加了老公司与新公司之间的紧密程度，更好地互相促进彼此业务；
- 使用户、加盟店和公司的关系更加密切；
- 有助于下一轮VC融资。

贾军18年的殚心竭虑，造就了第一早教品牌“东方爱婴”和近800家实体门店，但是因为近10年持续的房租暴涨，极大了吞噬了她本该有的利润。“贾说”可以算是贾军的二次创业，这个新创项目的互联网基因浓郁，具有轻资产、社群化、高扩张和相对更高的毛利水平等特点。众筹可以作为“贾说”的全新顶层设计，通过整套的创新服务和产品，用众筹股东、用社群对于现有近800家实体门店的激活，是有极大的操作空间和发展前景的。

三、“众筹”与“天使投资”同步进行的天天生食

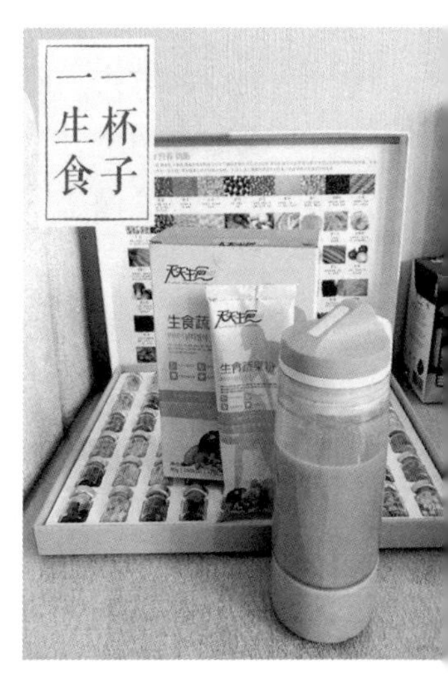

“天天生食”广告页面

2011 年微信诞生，我们进入了崭新的社交时代。尽管腾讯再三声称，微信的商业化未来再考虑，但是，这样也很难阻止好事者从这个新工具中找到崭新的商业机会和形态。微商就此应运而生了。

陆长步，中国共享经济创新杰出人物、上海芸众生物科技有限公司 CEO，一个从福建农村走出来的 80 后企业家、新微商的代表。2016 年 6 月，陆长步开始在中国倡导生食饮食习惯，开拓生食市场。

陆长步很年轻，但是其发展履历，已经有一连串亮点了：他卖过洗发水、床垫，做过思八达培训，而且都是在成为公司销售冠军时高点离开，借力前一段上升通路中的势能，开拓后一段新的领域。他的从业经历，覆盖了零售、批发、培训和直销领域。这些优势，助力陆长步发力于“天天生食”产品。

2016 年，“大众创业，万众创新”已成为国家战略，陆长步决定做一件能够通过互联网让“大众创业，万众创新”落地、让自己心中“帮助一百万穷二代变成创二代”梦想落地的事情。

他花了 9 个月的时间，研究和总结了目前市场上微营销的种种问题，研究如何在现有微营销中进行创新，解决行业存在的问题，最后提出了创新型微商的全新商业模式。

当商业模式确定后，他开始选择一款好产品作为模式落地的载体，要符合以下三个特点：第一，符合互联网的营销特点；第二，绝对安全有效；第三，属于有预见性、注定被普及的产品。

最终，他选择了生食，一款具备超强理论背书，并且已经在一些发达国家流行了很多年的产品。

商业模式的演变，也是三部曲：

第一，从“生食”这个单一产品出发，切入生食市场，这是产品策略；

第二，构建与“生食”密切相关的微商场，并贯通线上和线下体系，拓展更宽的产品线，这是用户和平台策略；

第三，构建农场、工厂、营销体系等全产业链，这是投资和生态策略。

他实施商业模式的路径策略，运用了“众筹”＋“天使投资”同步进行的方式：前者帮他筹集到了各地人脉、用户体验、资金等经营要素，最重要的是，也赚到了可以列为公司第一笔收入的渠道代理费用；后者则帮他确保了以前合作关系的延续；两者结合，打造出早期融资的最佳策略！

2016年上半年项目推出以来，半年时间，就获得了数千万的经营业绩，而且，更重要的是“渠道代理”和“终端消费”的两旺，而“终端消费”是衡量微营销是否健康和可持续发展的最重要的指标。由此看来，可以给微商取个更有内涵的新名字：IP社群渠道商！

四、“互联网＋”之后的“众筹＋”

自从杨勇的“中国式众筹”大行其道之后，便有一句话在流传：“众筹将血洗所有行业！”对于这句话，就算对于众筹布道者和践行者的我来说，也多少有点不太舒服。

但是，如果我们能够理解这句话的精髓，理解众筹“以终为始”的运营逻辑，这句话是可以提升到与“互联网＋”并行的高度和适应面的：

- 信仰般的爆品思维；
- 逆袭的C2B；
- 产品化的社群；
- 连接一切的社交属性；
- 重新回归线下的O2O；
- 自带流量的自媒体推广；
- 用户、消费商、股东三位一体的运营体系。

我们大胆地将这一切命名为“众筹＋”，也是不辱使命、毫不为过的。

众筹可以贯通从单个的产品发明和创新，一直到新公司孵化的双创孵化体系，把握众筹对于各行各业的持续渗透、持续深化的良机，使命必达！

第二节 生活美学是消费升级的首要方向

从清末开关以来，依靠淡水河大稻埕码头的港口优势，中国台北的迪化街地区迅速繁荣起来，成为台北重要的茶叶、布匹、中药材以及其他南北货的集散中心，之后河运式微，迪化老街渐渐没落了，失去了越来越多的商业功能，成为寄托人们记忆的一条老街，成为传统与现代并存的一个缩影。

2016年1月，在台湾怀古之旅中，我在迪化老街看到这个品牌：**等路**。

我全文抄录下外包装上的文字："在以前的农业社会时代，出远门是一件家族大事。当有亲友远行时，关系紧密的家族亲友会在家翘首等待，期待远方的亲友平安归来。而'等路'指的就是孩子们'等'待亲友自远'路'带来的礼物，或是远行的人返家时，带给在家等候的人的礼物，传达的是对亲友的一种心意。"

这是一款4～5克的小粒包装的塑料茶桶，估计里面总共有50～60粒茶叶。

我大致数了数，这里面起码有12种以上的茶：玫瑰花熟沱、菊花熟沱、茉莉花生沱、金银花熟茶、甜叶菊熟茶沱、普洱熟沱、橄榄熟沱、百花蛇舌草熟沱、桂花沱熟沱、糯米香熟沱、普洱生沱、六艺普洱。这个产品让我印象深刻，给我留下三大启发：

台湾茶叶品牌"等路"

第一，我从没见过，茶叶可以按"主题化"和"场景化"的方式来呈现。"等路"的主题是等待，而场景则是远行的亲人和家里守望的亲人之间的互相守望和期待，他们的心意通过"等路"这份礼物来呈现。

第二，这个产品呈现的重点，从"产品"这边转到了"用户"这边，以用户的感受和体验代替了产品的性能和功能。

第三，一般的普洱茶可以有这么多的变种和衍生产品，而且4～5克的纽扣式小包装，极易携带，也极易泡饮。

产品还是以前的产品，口味也还是以前的口味，但是，价值和情感是可以也是应该被挖掘和被赋予的。给我们的平常生活，赋予美学感受和体验，更独特、更细分、更加场景化，这是消费升级的新方向。

消费升级带来的产业升级，或者倒过来，产业升级带来的消费升级，是中国近10年以来经济发展的主旋律，我们有了自主研发，我们有了跨境并购，现在，我们又有了众筹！

自主式的、内生式的产品研发和新的品牌孵化，乃至新的品类孵化，能够更加贴合中国的消费习惯和市场环境！在这里，众筹是绝对可以大有所为的。

在开始众筹和京东众筹，我们已经看到了对于民宿的重新定义！看到了对于餐厅的重新定义！看到了对于有机农场的重新定义！看到了对于生活空间的重新定义！

第三节　公益实践一样需要创意

关于众筹实践，人们最容易联想到的是公益，本节中分享一个优秀案例：**中国企业家户外徒步联盟**。

2016年5月19日，同筹网众筹平台上推出众筹项目“首届丝绸之路中国企业家户外徒步联盟精英挑战赛”，参与众筹筹资1689人，累计支持人数超过10万人，200位来自全国各地的企业精英筹资成功，成为中国企业家户外徒步联盟的发起人。

108位通过众筹方式完成报名的企业家，去往沙漠，用四天三夜，穿越戈壁，徒步走完108公里。

时隔1个月，同筹网众筹平台又推出了众筹项目“第二届丝绸之路中国企业家户外徒步联盟精英挑战赛”，参与众筹筹资的人数达1093人，累计支持人数超过30万人，118位企业家完成报名费的众筹。

8 月 22 日，众筹项目“第一届茶马古道爱心之旅挑战赛”正式启动，参与众筹筹资人数 581 人，累计众筹支持人数 8100 人，累计影响人数超过 45. 2 万人，100 位企业家完成报名费的众筹。

同筹网和“中国企业家户外徒步联盟”通过“众筹 + 徒步”的方式，掀起了一股独特的徒步潮流，影响人数达 80 多万人。它证实了众筹徒步的可能性，同时发现单个个体的众筹依然存在局限性。与此同时，在同筹网举办的 3 次徒步众筹项目中，社交平台出现了大量的“意见领袖”，拥有大量粉丝的他们会逐渐组建社群，并依靠自己的魅力将社群发展壮大。这样的社群领袖在众筹项目中占有极大的优势，因此，同筹网在发起“第三届丝绸之路千人走戈壁徒步挑战赛”的众筹项目时，决定引入“社群众筹”的概念。

同筹网创始人赵超

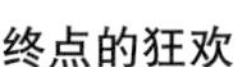
终点的狂欢

“千人走戈壁”的目标，同筹网采用先众筹50位联合发起人的方式去达成。拥有绝对话语权的行业领袖，必然吸引更多的人关注并参与到众筹项目中来。

在社群式众筹中，众筹的联合发起人所筹集的已经不局限于资金，也包括关注和传播。如果社群有足够的吸引力，发起徒步挑战赛这种正向的众筹活动，不仅能够为社群带来极佳的推广机会，也能收集到大量的粉丝意见，从而不断改进社群模式。

根据对以往徒步众筹的数据分析来看，筹资成功人数一般为筹资人数的10%，每一位筹资成功的企业家都将影响至少1000人。也就是说，此次“千人走戈壁”的筹资人数将不少于10000人，影响人数将达到1000万人，而50位联合发起人将共享这1000万人的资源。利用1000万人的社群及其人际关系网络，50位联合发起人的企业都能在赢得某个人或一群人的支持后，以优惠购买或是赠送产品的形式，推动这千万名徒步粉丝在自己的社交圈中进行传播。在传统行业里，一家普通的企业想要达到千万人级的影响力无疑是比较困难的。而现在，通过众筹这一资源裂变的方式，完全可以进行快速的跨界资源整合。

众筹的关键就在于众人的参与，而社群作为众人分享与转发的平台，自然能够成为联合发起人的众筹利器。同筹网以众筹徒步为先导，发展到现在以社群众筹为主体，以终为始，组建企业家人脉拓展、合作互助的最佳众筹平台，并始终将弘扬中国徒步运动文化、激发企业家挑战创新精神、推动企业共同发展、合作共赢作为社群使命。

以社群建设为战略，以众筹实现为战术，同时实现项目现金流的正向循环，两者之间，互为因果；同筹网组织徒步众筹，之后再众筹发起成立“中国企业家户外徒步联盟”，是国内社群众筹和公益领域中很好的一个成功案例。

如何继续挖掘和塑造这一社群的独特价值，健康并持续地运维，并在未来通过合适的方式实现进一步的商业价值，则是同筹网的下一个挑战。

而在2017年，下一个值得大家高度期待和参与的项目是国庆节的“千车万人穿越大美新疆”。

届时，10000名国内外企业家将齐聚新疆，2500辆车穿越3000公里，历时 6 天 6 夜！

这项活动旨在从国内外商界精英中，选拔优秀企业家自驾穿越，途经一望无际的沙漠公路、浩瀚苍茫的戈壁滩、古老的罗布人村寨、金色的胡杨林、楼兰博物馆、传说中的火焰山、古老的苏公塔、千年的交河故城等。这是一项助力企业家互动交流、展现当代企业家精神风貌的大型户外活动。

目前，“千车万人穿越大美新疆”报名人数已经突破 2200 人，支持人数突破 72000 人，直接影响人数突破 72 万人，间接传播影响人数超过 700 万。

这个活动，有望创下一项新的吉尼斯世界纪录。

2017 年，同筹网通过社群众筹的形式，将持续打造三大户外体育 IP：五月千人走戈壁、十月千车万人穿越大美新疆、十二月千人骑行穿越海南岛。

这些盛事将会成为众筹江湖上传说般的经典案例。

后记

这本书写得辛苦！但是，终于要完稿了。

写完才知道，写作几乎是我们日常生活中最艰难的一件事，也是代价最大的一件事，它几乎摄取了我们生命里最精华的部分。

因为，写作需要体能充沛、精神饱满、情绪平和，需要远离手机和微信，需要远离市井和烟火，需要闭关！

这本书的问世，可以说实现了我在内心盘桓十几年的一个愿望；它真正的开始，则起源于在“实践家”的系列授课和后续辅导的过程，以及G2众筹工坊私董会在东南亚各地的开展。

2015年3月23日，实践家教育集团DBS创始人学院第一期正式开营

近两年，从上海、北京到深圳，从中国到新加坡、马来西亚，接近于每月一次的高密度授课和私董会研修，近千名的企业家同学，天南地北，近百个项目，形形色色。他们的问题很多，同时又非常具体；我遇到的企业案例非常丰富，也很有挑战，很过瘾！

所有来上课的同学，无一不是新创企业或转型企业，无一不是希望可以尽快找到让企业摆脱困境的良策秘方，无一不是希望对接彼此的人脉资源；他们感情真挚、言语恳切，谈吐之间，我却时常深切地感受到他们的迷茫。

在授课和后续辅导的过程中，为应对并解决这些范围广泛的问题，我几乎运用了我所能找到并认为有用的各种策略和方法：社群、爆品、回归线下的O2O、精益创业、微商、微营销、商业模式优化、路径、团队再造、对外融资，等等；同时，知行合一，我也用到了我可以使用的所有身份参与其中：老师、顾问、股东、董事长等。

讲我所做，做我所讲！辛劳的、持续的口力、智力和体力三重重压下的劳动，触发了盘桓在我心中十几年的这个想法——把这些思想和实践高度融汇的灵感、心血和成就，写成一部以“双创”和“众筹”为主题的专著——有理论的高度、有落地的深度、有情感的温度！同时，有洞见、有体系、有模式、有方法，还有情感！

作为连环创业客，作为创业导师，作为福布斯中文网的专栏作家，我呕心沥血写就的这本书中，包含了真材实料、真枪实弹和真情实感，它是真切的、粗粝的，强悍的，同时，也是温暖的、悲天悯人的，我希望它能成为双创行动中“最真实”的一本书。

写作过程中，我的案头触手可及的是两本书：吴声的《场景革命》和冯唐的《不二》，前者提醒我原创性商业思维的重要性，后者则昭示要对文字饱含敬畏，中间助我闭目养神的是罗辑思维和吴晓波频道。催眠之余，时时启发我，人文财经和IP跨界的良机，以及社群经济的巨大威力。

讲众筹，做众筹，写众筹，到出书时，自然首先会想到，同样要用我深为敬仰的慈济创始人证严上人创建第一所慈济医院的“众筹”方法。

于是我发出了这样一封邀请函。

亲爱的朋友：

当你读到这篇致辞时，我们完成了在茫茫人海中的结缘——互相选择、互相帮助、互相守望。

尽管，作为“福布斯中文网”的专栏作家，我一直保持业余写作的状态，尤其专注于大时代下的商业变迁和人文情怀。这给我的日常生活带来了三个十分显著的好处：第一，持续而宽广的阅读；第二，更仔细的观察；第三，更深入、系统的思考。这也使我更加深刻地体会了“生活不止眼前的苟且，还有诗与远方”的真谛。

我常常对朋友们戏言，所有女生都不遗余力地追求皮肤的紧致，而保持紧致的最好方法，就是使自己一直处于爬坡的状态中，辛苦、折磨，甚至濒临崩溃，但最大的收获则是可以农夫般地盘点每季的收成。

皮肤与肌体保养如此，我们每个人的精神状态，又何尝不是如此呢？

2015 年国庆节前后，我曾主编《用众筹，连接世界》一书，作为中国首届国际众筹产业论坛暨展览会的结集出版物，传递众筹业内一线众多布道者和践行者的努力和声音。但是，我一直希望，我还是必须再完成一部由我一个字、一个字码出来的专著，哪怕呕心沥血，哪怕内心肿胀，哪怕血脉贲张，哪怕精疲力竭！

因为，这里有我们的颓唐与激越，有我们的沉沦与崛起，有我们的“光荣与梦想”！

今天，因为与你的携手，这本书可以问世了！

它涵盖了“双创众筹模式”的十大模块和三十六个标签，既有理论的高度，又有实操的深度，还有人情的温度。

在此，我邀请您成为我的“联合发行人”，来共同完成这本书写作、出版和发行。

作为“联合发行人”，您会得到下列回报：由作者签章的100本定制的图书，书中有您完整的个人资料（照片、简介和感言）；众筹合伙人将联合创建“中国一线众筹社群”。

当然，更重要的，还有我们的友情和共同的前景！

这本书的名字叫《双创有道》！

衷心期待与您的携手！

高鹏

念念不忘，必有回响！很快，我就陆续收到了朋友们愿意成为“联合发行人”的肯定回复，我收获了他们的友情、他们的支持和我们共同的前景。

以文会友，以书结缘，我也收获了他们的正能量和动力，我要继续前行，使命必达！

用众筹，我要连接世界！

感谢中国经济出版社教育分社社长崔姜薇鼓励我有机会成为优秀的财经作家；

感谢我的合伙人们；

感谢冯仑先生和王功权先生，感谢海洋先生；

感谢海南第一投资招商股份有限公司董事长蒋会成；

感谢第一次创业的股东刘振元、虞维平和郎燕侠；

感谢好医生CEO高瞻；

感谢和我共同创立中日产业基金的合伙人陈海生；

感谢我的北航校友付小平老师，使我踏入商业培训领域；

感谢前程无忧联合创始人王韬先生、郭彧老师；

感谢实践家董事长林伟贤老师，感谢林君翰、姚勤、蔡黎静、谈烨、陈伟年；

感谢周健工先生和汤维维女士，给我机会在福布斯中文网上发表一系列人文财经的文章；

感谢我的初中语文老师程应珩，她最早地启发了我对于语文课程的兴趣，使我在大学期间产生了对文学和阅读的喜爱，以及终身对阅读和人文财经业余写作的热爱；

感谢我的高中同学邵萍，她以厦门大学中文系毕业生的深厚背景和专业眼光，在我的写作过程中，给予我持续和中肯的鼓励和建议；

感谢我的大学同学程勃，他常常是我在微信朋友圈里点滴叙事和感受的第一个点赞者和议论者，这样的被关注和被调侃总是让人心情愉快的。

2016，春播夏种，金秋十月，又到了一个收获的季节。

本书完稿在即，喜闻我的好兄弟强强的第一个女儿在九月初九出生，我无比喜悦，无比欣慰！

海明威在《丧钟为谁而鸣》中写道：

没有人是一座孤岛，/可以自全。/每个人都是大陆的一片，/整体的一部分。/如果海水冲掉一块，/欧洲就减小，/如同一个海岬失掉一角，/如同你的朋友或者你自己的领地失掉一块，/任何人的死亡都是我的损失，/因为我是人类的一员，/因此不要问丧钟为谁而鸣，/它就为你而鸣。

同样，九儿的新生给她的父母强强和西西、给我、给我们身边的每一个朋友、给我们周围的每一个人，带来的又是什么呢？

高 鹏

2016 年国庆节初稿于上海浦东

2017 年春节终稿于杭州径山禅寺、台北阳明山

高鹏和他的朋友们

贾　军

东方爱婴创始人，18年缔造中国母婴护理第一品牌

高鹏先生的“双创众筹模式”，对于转型企业的再创业和再起步，非常有帮助。

郝　杰

新物种教育的创始人、CEO，福布斯、财新等媒体专栏作家

高鹏做的是一件顺应时代的事情，我全力支持！

黄　明

拉卡拉影业董事、上海时代箫明董事长

许　斌

“空中王府井”运营项目董事长、微软首席O2O咨询专家

用务实创新的态度，用教练的方法，实现产业转型升级。

冯济利

浙江莫拉克电动车公司董事长

传统中另类创新，创新中另类传统，感恩众筹开启我的世界。

华伟祥

资深餐厅与民宿投资人、浙江餐饮协会副会长、浙菜文化研究会常务副会长

徐子善

子善堂创始人，将最适合现代生活方式的辟谷养生形式在大众中推广

食补药补，不如辟谷！

翁梓扬

订阅式众筹平台PressPlay联合创始人

众筹，众大于筹，筹资只是传达感动与初心给受众的手段。